ANTOLOGIA POÉTICA

Federico García Lorca

ANTOLOGIA POÉTICA

Tradução, seleção e apresentação de
WILLIAM AGEL DE MELLO

www.lpm.com.br

Coleção **L&PM** POCKET, vol. 473

Texto de acordo com a nova ortografia

Primeira edição na Coleção **L&PM** POCKET: novembro de 2005
Esta reimpressão: outubro de 2022

Capa: Ivan Pinheiro Machado sobre foto de Federico García Lorca (autor desconhecido)
Tradução, seleção e apresentação: William Agel de Mello
Revisão: Jó Saldanha e Grázia Pinheiro Machado

CIP-Brasil Catalogação na publicação
Sindicato Nacional dos Editores de Livros, RJ

G199a

García Lorca, Federico, 1898-1936.
   Antologia poética/ Federico García Lorca; tradução [organização] de William Agel de Mello. – Porto Alegre: L&PM, 2022.
   208 p. ; 18cm. – (Coleção L&PM POCKET, 473)

ISBN 978-85-254-1456-4

1.Poesia espanhola. I. Mello, William Agel de, 1937- II.Título. III.Série.

CDD 861
CDU 821.134.2-1

© Herdeiros de Federico García Lorca, 2005

Todos os direitos desta edição reservados a L&PM Editores
Rua Comendador Coruja 314, loja 9 – Floresta – 90.220-180
Porto Alegre – RS – Brasil / Fone: 51.3225.5777

Pedidos & Depto. Comercial: vendas@lpm.com.br
Fale conosco: info@lpm.com.br
www.lpm.com.br

Impresso no Brasil
Primavera de 2022

APRESENTAÇÃO

Fuente Vaqueros, em Granada, berço de Federico García Lorca, nascido no dia 5 de junho de 1898. Ali passou a infância. A Andaluzia, portanto, exerceu forte influência sobre a sua obra. A beleza do cenário natural, os olivais, a arquitetura, os acidentes geográficos, os ciganos, a música, o modo típico da fala, o ambiente familiar, o espírito andaluz – tudo está refletido em seus livros. Como disse Ian Gibson, o maior biógrafo de Lorca: "Os anos de infância de García Lorca em Fuente Vaqueros permaneceriam sempre dentro dele como um presente constante, ao abrigo da ação do tempo". O seu livro de juventude escrito em 1916 – *Mi pueblo* – relata uma série de acontecimentos com personagens do local. Uma das experiências mais emocionantes, narradas com muita emoção, foi a morte de Salvador Cabos Rueda, "o compadre pastor". A presença da morte desempenhará um papel importante na obra lorquiana.

Seu pai – Federico García Rodriguez – era um dos homens de negócios mais prósperos da região. Sua mãe – Vicenta Lorca Romero –, natural de Granada, era professora de uma escola para meninas de Fuente Vaqueros.

Desde criança, Lorca mostrou pendor para a música – uma característica de família. Da mãe herdara a inteligência – dizia. E deixou consignado em carta o muito que lhe devia no período de sua formação: "Ella me ha formado a mi poéticamente, y yo le debo todo lo que soy y lo que seré". Victor Hugo era leitura obrigatória em sua casa. Dona Vicenta lia em voz alta, regularmente, as obras do autor francês, um dos escritores prediletos da família. Por parte de mãe, talvez levasse nas veias sangue cigano, embora de origem longínqua – o que também teria influenciado, pelo menos de certa forma, a sua poesia.

Em 1906, ou 1907, a família mudou-se para o povoado vizinho de Asquerosa. Desta maneira, o pai, que se dedicava ao comércio açucareiro, ficaria mais perto da propriedade rural que possuía – Vega de Zujaira. Aí Lorca frequentou a escola primária cerca de um ano para, em seguida, matricular-se no Instituto de Almeria, onde passou a viver na casa do Professor Antonio Rodrigues y Espinosa, íntimo amigo da família. Ficou em Almeria apenas alguns meses. Teve de regressar a Asquerosa, por motivo de doença. E foi nessa época – 1909 – que seus pais transferiram o domicílio para Granada. Ingressou no Colégio do Sagrado Coração Jesus, que, apesar do nome, não tinha formação religiosa. Terminado o curso secundário, matriculou-se nas Faculdades de Direito e de Filosofia e Letras.

Federico nunca se salientou nos estudos. Ao contrário, foi um aluno que deixava muito a desejar. Em compensação, estudou música com afinco e teria se convertido em talentoso pianista – se não fosse pela literatura.

Os anos de Granada exerceram grande influência em sua carreira literária. Ali travou conhecimento com escritores, artistas e intelectuais que se reuniam no "Rinconcillo" do Café Alameda.

Em companhia de outros estudantes, realizou viagens de estudo, organizadas pelo Professor Martíns Domíngues Berrueta, titular de Teoria da Literatura e das Artes. Em Baenza, conheceu o famoso poeta Antônio Machado, pelo qual nutria profunda admiração.

Depois de passar uma temporada em Burgos, voltou a Granada. Foi nessa época que a vocação definitiva para a literatura se fez notar. Escreveu um livro sobre Castela – *Impressões e paisagens*, em 1918 –, publicado a expensas de seu pai, que obteve boa receptividade por parte da crítica. Multiplicam-se os poemas, ensaios e as obras de teatro.

Não restam dúvidas de que, na poesia, o seu grande mestre foi Rubén Darío. Como notou Ian Gibson:

Con su incorporación de temas franceses fin de siècle, su refinado erotismo, su musicalidad y su exotismo, la obra de Rubén Darío había llegado como un hálito primaveral a una España donde la poesía se caracterizaba entonces por su academicismo y su trivialidad aburguesada. La revolución poética desencadenada por Darío fue comparada por Dámaso Alonso a la iniciada por Garcilaso de la Vega siglos antes al incorporar a su poesía maneras de sentir y de decir procedentes de Italia; y otros poetas de la generación de Lorca, entre ellos Vicente Aleixandre y Luis Cernuda, reconocerían su enorme deuda para con el nicaraguense.

Nos escritos de Lorca daquela época nota-se um ferrenho sentimento anticlerical. Não que fosse um espírito iconoclasta. Ao contrário. Acreditava em Deus e em Jesus Cristo. Mas repudiava o clero e o Papa, traidores de Cristo, que usavam o nome do Salvador para obter vantagens pessoais e engrandecer o império da Igreja.

E é nessa época também que aparecem – ou recrudescem – os conflitos sexuais.

Depois da publicação de *Impressões e paisagens*, e do êxito obtido, a solução mais sensata para crescer era deixar a vida provinciana de Granada e mudar-se para Madri.

Na Capital morou na Residência dos Estudantes, onde se reencontrou com diversos "rinconcillistas", entre os quais Melchior Fernández Almagro, José Fernandez-Montesinos, Ramón Pérez Roda e José Mora Guarnido. Ali seu talento de músico e poeta foi reconhecido.

Em Madri conheceu vários artistas e intelectuais renomados, entre eles Amado Alonso, Gerardo Diego, José de Ciria y Escalante, Guilhermo de Torre, representante maior do movimento ultraísta, e o poeta Juan Ramón Jiménez. Conhecedor de seus pendores para teatro, Jiménez o apresentou a Gregório Martínez Sierra, diretor do Teatro Eslavo e famoso dramaturgo. Este encontro teve grande importância na carreira teatral de Lorca.

Impressionado com o talento de Lorca, Martínez Sierra convidou-o a escrever uma peça para ser apresentada no então famoso teatro vanguardista. *O malefício da mariposa* estreou no dia 22 de março de 1920 e contou com a participação da atriz Catalina Barcena, no papel de Curianito, e da bailarina Encarnación López Júlvez, a *Argentinita*. A peça, dirigida pelo próprio Martínez Sierra, não foi bem recebida tanto por parte do público como por parte dos críticos.

No ano seguinte publicou outro livro – *Livro de poemas* –, que não teve maiores repercussões.

Entre 1920 e 1923 escreveu as *Suítes*, que foram publicadas somente em 1983, graças ao paciente e minucioso trabalho de recompilação do pesquisador francês André Belamich. Em 1921, em Granada, estreitou as relações de amizade com o célebre músico Manuel de Falla, que fixaria residência naquela cidade andaluza. Falla nutria o maior interesse pelo *cante jondo*, o que teria influenciado Federico a aprofundar seus conhecimentos sobre o tema. Em 1922, no centro artístico de Granada, pronunciou uma Conferência intitulada *Importância histórica e artística do primitivo canto andaluz chamado cante jondo*.

De volta a Madri, conheceu o pintor catalão Salvador Dalí. Lorca, Dalí, Buñuel e Pepín Bello tornaram-se amigos inseparáveis.

Em 1923 termina o curso de Direito, mas nunca chegaria a exercer a profissão, pois não tinha pendor para ela. A sua vocação definitiva era a literatura.

Foram tecidos muitos comentários no que tange ao relacionamento entre o poeta andaluz e o pintor catalão. O próprio Dalí declarou publicamente, em 1966, que Lorca "era pederasta, como se sabe, y estaba locamente enamorado de mi. Trató dos veces de... lo que me perturbó muchísimo, porque yo no era pederasta y no estaba dispuesto a ceder. O sea que no passó nada".

Muitos críticos colocam em dúvida a veracidade de tal assertiva e citam vários trechos insinuantes que fazem parte da extensa correspondência mantida por ambos ao longo dos anos.

A carreira de dramaturgo de Lorca começou bem, com a estreia de *Mariana Pineda*, em Barcelona, no dia 24 de junho de 1927, tendo Margarita Xirgu como estrela principal. A decoração esteve a cargo de Dalí.

Lorca também enveredou pela pintura e chegou a fazer uma exposição de seus desenhos em Barcelona. Claro está que a influência daliniana se fazia presente. Aliás, influência nos dois sentidos.

Com a ida de Dalí para Paris, Lorca conheceu Emílio Aladrém, com quem teria mantido um relacionamento homossexual.

Pouco antes de *Mariana Pineda*, publicou seu segundo livro de poemas, *Canções*, calorosamente recebido pela crítica. Em 1928 saiu a lume o tão esperado *Primeiro romanceiro gitano*, recebido com grande entusiasmo por parte da crítica e do público. Como disse Ian Gibson: "Se trata indudablemente, y con mucho, del libro de poemas más leído, más recitado, más analizado y mas célebre de toda la literatura española". Continua o biógrafo:

...apenas hay un aspecto de ellos que no haya sido examinado, sopesado y desmenuzado por críticos y estudiosos tanto españoles como extranjeros. Ello demuestra que, pese

a la etiqueta de "localismo" o "costumbrismo" que a veces se ha colgado al Romancero gitano, los poemas trascienden con creces los límites locales de sus orígenes.

A maior característica da obra de García Lorca é a genialidade. Exceto Cervantes, nenhum outro autor espanhol conta com uma bibliografia tão vasta e volumosa. Basta este fato para dar uma ideia da dimensão de sua obra, que aproxima o regional do universal. Tão regional que justificaria a metáfora: Lorca escreve em espanhol, mas com *acento* andaluz. *Arbolé arbolé, seco y verdé...*

No dia 25 de junho de 1929, Lorca chegou a Nova York a bordo do *Olympic*. Permaneceu nove meses nos Estados Unidos – uma experiência marcante na vida e obra do poeta. Chegou a estudar inglês, mas os testemunhos dos amigos indicam que não conseguiu fazer progressos nesse particular. Frequentou assiduamente o Instituto das Espanhas nos Estados Unidos, na Universidade de Colúmbia, e a Aliança Hispano-Americana.

Depois esteve em Cuba, onde passou três meses. Aí pronunciou as seguintes conferências:

– *La mecánica de la poesía,*
– *Paraíso cerrado para muchos, jardines abiertos para pocos,*
– *Un poeta gongorino del siglo XVII*
– *Canciones de cuna españolas,*
– *La imagem poética en don Luis de Góngora,*
– *La arquitectura del cante jondo.*

No dia 1º de julho de 1930, Lorca regressou a Granada para passar as férias de verão. Em outubro, voltou a Madri a tempo de assistir à peça de sua autoria *A sapateira prodigiosa*, um êxito de bilheteria e de crítica.

No primeiro semestre de 1932, pronunciou uma série de conferências em várias localidades do país. Na

Galícia ficara impressionado com a beleza da região e de modo particular com Santiago de Compostela. Embora não falasse o galego, escreveu *Seis poemas galegos*, com a colaboração de Ernesto Da Cal.

Em julho de 1932, La Barraca, integrada por estudantes do teatro universitário, fez uma *tournée*, visitando diversas cidades do país.

No dia 8 de março, estreia de *Bodas de sangue*, Lorca ficou definitivamente consagrado como um dos maiores dramaturgos espanhóis. Em determinado momento, o nome de Lorca chegou a ser cogitado para substituir Cipriano Rivas Cherif como diretor do Teatro Lírico Espanhol.

No dia 29 de setembro de 1933, Lorca embarcou, em Barcelona, no navio italiano *Conte Grande*, com destino a Buenos Aires, onde passou quase seis meses. Pronunciou quatro conferências:

– *Juego y teoría del duende,*
– *Cómo canta una ciudad de noviembre a noviembre,*
– *Recital neoyorkino,*
– *El canto primitivo andaluz.*

Bodas de sangue e *A sapateira prodigiosa* obtêm um êxito extraordinário. Mas *Mariana Pineda* não foi bem recebida pelos críticos. Em Buenos Aires manteve um frutífero contato com intelectuais, artistas e jornalistas. Pablo Neruda e Amado Villar contavam-se entre os seus melhores amigos.

De regresso à Espanha, no dia 11 de abril, chegou a Barcelona a bordo do navio *Conte Biancamano*.

Em Madri frequentou o conhecido bar A Baleia Alegre, uma versão madrilenha do "Rinconcillo". Pablo Neruda, que passou a viver na capital espanhola, além de outros integrantes do *La Barraca*, são os amigos mais íntimos de Lorca. Neruda chegou a escrever uma ode a Federico García Lorca.

No dia 29 de dezembro, deu-se a estreia de *Yerma*, com a participação de Margarita Xirgu. Ao contrário da crítica isenta, a imprensa ultradireitista e fascista recebeu mal a obra.

O dia 28 de setembro de 1935 representou uma data importante na vida de García Lorca e Dalí: o reencontro depois de sete anos. O acontecimento foi saudado com euforia por ambos.

Naquela altura, a Espanha marchava inexoravelmente para a guerra civil. Quanto à posição política de Lorca, a facção ultradireitista considerava-o comunista.

A vitória da Frente Popular nas urnas teve como consequência o fortalecimento da Falange Espanhola, cujos partidários por temor à instalação de um regime comunista no poder cerravam fileiras contra os inimigos que professavam a doutrina marxista.

Lorca continuou trabalhando intensamente. Terminou *A casa de Bernarda Alba* em junho de 1936. Poucos meses antes foram publicados *Seis poemas galegos*.

A fama literária de Lorca espalhava-se cada dia mais. Como bem notou Ian Gibson:

Por estas fechas no se puede abrir un periódico madrileño sin tropezar con alguna noticia relacionada con Lorca en alguna de sus múltiples facetas. Es sin la menor duda el joven escritor más conocido del país y es tal su fama que apenas puede ir por la calle sin que numerosas personas se le acerquen.

No *front* político, o fascismo alargava suas bases. A guerra civil era inevitável. Em meados de julho, durante um jantar na casa de Pablo Neruda, o deputado do Partido Socialista, Fulgencio Díez Pastor, aconselhou Lorca a desistir do seu intento de ir para Granada. Melhor seria permanecer em Madri, onde estaria mais seguro. Outros amigos aconselharam-no a sair do país.

No dia 14 de julho, chegou a Granada. E no dia 23 a cidade rendeu-se aos rebeldes. Os republicanos mais notórios foram presos. Lorca, temendo o pior, decidiu buscar refúgio entre amigos, instalando-se na casa de Luis Rosales, cujos irmãos, José e Antonio, eram membros da Falange.

No dia 15 de agosto, um grupo antirrepublicano, com a incumbência de deter o poeta, dirigiu-se à Huerta de San Vicente munido de uma ordem de prisão. No dia 16, Manuel Fernández-Montesinos, cunhado de Lorca, foi fuzilado sumariamente junto com outros prisioneiros. No mesmo dia outro grupo, liderado por Ramón Ruiz Alonso, conseguiu localizar Lorca na mansão dos Rosales. José Rosales fez de tudo para salvar o poeta. Obteve uma ordem de soltura do governador militar, coronel Antonio González Espinoza, e aprestou-se a levá-la ao governador civil, Valdés Guzmán, que a rechaçou, sob a alegação de que Lorca não mais se encontrava aí – o que não era verdade. Na madrugada de 17 ou 18 de agosto, o poeta foi executado, juntamente com Dióscoro Galindo Gonzáles, Joaquín Arcollas Cabezas e Francisco Galadi Melgar.

A TRADUÇÃO

Em latim, *traducere* significa conduzir alguém pela mão para o outro lado, ou seja, para outro lugar. A tradução pode ser intralingual, sociolinguística e intersemiótica. O tradutor deve estar atento às armadilhas (como chamava mestre Paulo Rónai) da tradução: polissemia, cognatos aparentes, excessiva proximidade das línguas, trocadilhos, sinônimos, homônimos, parônimos, holófrases, metáforas e locuções.

Cada tradutor é uma escola de tradução. Se a máxima não chega a ser verdadeira, pelo menos denota a variedade de formas com que os profissionais exercem o nobre ofício. O fato é que a tradução implica uma escolha, dentro de um processo seletivo que melhor sirva aos desígnios de transmitir a realidade de uma língua para outra. E uma escala de valores, cujo ponto mais baixo coincide com a tradução literal, a que mais se aproxima do texto original. A partir daí, a tradução admite uma série de gradações, inclusive a recriação, na qual o tradutor altera substancialmente a linguagem, mas conserva a integridade do sentido.

Sem entrar propriamente no mérito da questão, nem especificar qual a melhor metodologia a ser aplicada, é ponto pacífico que a adoção de determinados paradigmas determina a linha de conduta a ser seguida pelo tradutor, passível inclusive de confluir no rigorismo de uma sistemática limitativa da liberdade de expressão.

No caso da tradução direta, a mais literal possível, por exemplo, se por um lado tem a propriedade de conservar a pureza vocabular e refletir com mais exatidão os conceitos, por outro sacrifica elementos específicos – principalmente na obra poética –, tais como o recurso às rimas, à métrica, às aliterações, etc. –, em detrimento da estética em geral e da sonoridade em particular.

Traduzir é acima de tudo um ato de humildade. É respeitar a vontade do autor como um testamento, transmitindo o seu pensamento da maneira mais exata possível. O tradutor deve imbuir-se do estado de espírito do artista no ato da criação. Conhecer-lhe a fundo a personalidade, a vida, a obra, sua época – enfim, absorver o maior número de dados relativos ao poeta. Visitar os lugares descritos, em busca da vivência experimental, estudar as personagens e os tipos humanos como um ator se prepara para a representação de uma peça teatral. Penetrar no universo do autor, fazer parte de sua intimidade, seguir-lhe os passos como Dante a Virgílio: "E lor si mosse, e io teni retro". O tradutor é o seu intérprete, seu alter ego. É mister, portanto, haver uma comunhão estreita entre ambos, uma afinidade de interesses e sentimentos.

Traduzir é traduzir. É não ultrapassar os limites da obra em questão. O tradutor tem a obrigação de refletir a imagem o mais nitidamente possível. Não embelezar o texto, a ponto de o trecho traduzido suplantar o original. Não procurar corrigir os erros de qualquer natureza – inclusive de ordem gramatical, se os houver. É preciso manter na íntegra as imperfeições, sob pena de se desvirtuar o trabalho. O espelho reflete fielmente a imagem – seja ela bonita ou feia. E nisso consiste uma das tarefas mais difíceis da tradução. O tradutor que conseguir refrear o ímpeto de aperfeiçoamento terá suplantado a si mesmo. Numa escala hipotética, a obra tem um determinado valor estético, e a tradução deve corresponder rigorosamente ao mesmo valor.

No que concerne à tradução dos nomes próprios ou comuns – matéria por demais controvertida –, há três correntes de pensamento a respeito. A primeira – a corrente xenófoba ou nacionalista – repele o estrangeirismo e procura por todos os meios efetuar a tradução até onde for possível, ou seja, até os limites impostos à própria tradução. A segunda corrente – a internacionalista – atua de forma exatamente inversa. Nome é nome – não se traduz. Nome próprio é como dogma e deve ser transcrito na íntegra. A terceira corrente – a mista – é uma combinação das duas. Traduz alguns nomes e não traduz outros.

Para seus seguidores, a tradução tem de ser feita de forma natural, sem violentar o espírito da língua receptora. Não há regras fixas a respeito. Alguns nomes demoram a ser absorvidos, outros não.

Finalmente, o profissional experimentado tem de envidar todos os esforços no sentido de preservar a qualidade da obra, seu espírito, sua mensagem. Quando o tradutor encontrar obstáculos intransponíveis em seu caminho – limitações impostas pela própria natureza da língua –, quanto mais não for, pelo menos terá a consciência de ter feito o possível para, lançando mão dos recursos disponíveis, aproximar-se o mais possível do objetivo almejado.

E esta é uma das lições mais importantes da difícil arte de traduzir.

WILLIAM AGEL DE MELLO

ANTOLOGIA POÉTICA

SUMÁRIO

LIVRO DE POEMAS (1921) 25
Os encontros de um caracol aventureiro 29
Canção outonal 34
Elegia a Dona Joana, a louca 36
Cigarra! 39
Canção oriental 41
Manancial 44
O bode 48

POEMA DO "CANTE JONDO" (1921) 51
POEMA DA SIGUIRIYA GITANA: 53
    Paisagem 53
    A guitarra 53
    O grito 54
    O silêncio 55
    O passo da siguiriya 55
    Depois de passar 56
    E depois 56
    Poema da soleá 57
    Povoado 58
    Punhal 58
    Encruzilhada 59
    Ai! 59
    Surpresa 60
    A soleá 60
    Cova 61
    Encontro 62
    Aurora 62

PRIMEIRAS CANÇÕES (1922) 65
Quatro baladas amarelas 67
Canção 69

CANÇÕES (1921-1924) 71

ANDALUZAS: 75
- Canção de ginete 75
- Adelina de passeio 76
- [Amora com o tronco gris] 76
- [Minha menina foi ao mar] 77
- Tarde 77
- Canção de ginete 78
- É verdade 79
- [Arvoré arvoré] 79
- [Galã] 80

TRÊS RETRATOS COM SOMBRAS: 81
- Verlaine 81
- Juan Ramón Jiménez 82
- Debussy 82

ROMANCEIRO GITANO (1924-1927) 85
- Romance sonâmbulo 87
- A monja gitana 89
- A casada infiel 90
- Prisão de Antoninho, o Cambório, no caminho de Sevilha 92
- Morte de Antoninho, o Cambório 94
- Romance da Guarda Civil Espanhola 96

POETA EM NOVA YORK (1929-1930) 101

OS NEGROS: 105
- Norma e paraíso dos negros 105
- Ode ao rei de Harlem 106
- Igreja abandonada 110

RUAS E SONHOS: 112
- Dança da morte 112
- Paisagem da multidão que vomita 115
- Paisagem da multidão que urina 117

    Assassinato 118
    Natal no Hudson 119
    Cidade sem sonho 120
    Panorama cego de Nova York 122
    Nascimento de Cristo 123
    A aurora 124
Poemas do Lago Edem Mills: 125
    Poema duplo do Lago Edem 125
    Céu vivo 127
Volta à cidade: 128
    Nova York 128
    Cemitério judeu 131
Duas odes: 133
    Grito para Roma 133
    Ode a Walt Whitman 135
O poeta chega a Havana: 140
    Som de negros em Cuba 140
    Pequeno poema infinito 141
    [A lua pôde deter-se por fim] 142

PRANTO POR IGNACIO SÁNCHEZ
MEJÍAS (1935) 145
Pranto por Ignacio Sánchez Mejías: 149
    A captura e a morte 149
    O sangue derramado 150
    Corpo presente 153
    Alma ausente 155

SEIS POEMAS GALEGOS (1935) 157
Canção de ninar para Rosalía Castro, morta 159
Dança da lua em Santiago 159

DIVÃ DO TAMARIT (1936) 163
Gazéis: 165
    Gazel do amor desesperado 165

Gazel do menino morto	165
Gazel da morte sombria	166
Cacidas:	167
Cacidas do ferido pela água	167
Cacida da mulher estendida	168
Cacida da mão impossível	168
POEMAS ESPARSOS	171
Ode a Salvador Dalí	173
Sonetos:	177
Na morte de José de Ciria y Escalante	177
[Eu sei que meu perfil será tranquilo]	177
Epitáfio para Isaac Albéniz	178
[Tenho medo de perder a maravilha]	178
A Carmela, a peruana	179
A Mercedes em seu voo	180
O poeta pede a seu amor que lhe escreva	180
Canto noturno dos marinheiros andaluzes	181
Lua e panorama dos insetos	182
CANTARES POPULARES	185
O café de Chinitas	187
Os moços de Monleón	187
Romance de Dom Boyso	189
SONETOS INÉDITOS	191
Soneto da grinalda de rosas	193
Chagas de amor	193
O poeta diz a verdade	194
O poeta fala por telefone com o amor	194
O poeta pergunta a seu amor pela "cidade encantada" de Cuenca	195
Soneto gongórico em que o poeta manda a seu amor uma pomba	196

[Ai, voz secreta do amor escuro!] 196
O amor dorme no peito do poeta 197
Noite do amor insone.. 197
Soneto [Eu a vi passar por meus jardins] 198

LIVRO DE POEMAS
(1921)

A meu irmão Paquito

PALAVRAS DE JUSTIFICAÇÃO

Ofereço neste livro, todo ardor juvenil e tortura, e ambição sem medida, a imagem exata de meus dias de adolescência e juventude, esses dias que enlaçam o instante de hoje com minha própria infância recente.

Nestas páginas desordenadas está o reflexo fiel de meu coração e de meu espírito, tingido do matiz que lhe emprestara, ao possuí-lo, a vida palpitante, em torno, nascida para minha mirada.

Irmanam-se o nascimento de cada uma destas poesias que tens em tuas mãos, leitor; e o próprio nascer de um broto da árvore música de minha vida em flor. Seria perverso menosprezar esta obra que tão enlaçada está com a minha própria vida.

Quanto à sua incorreção, quanto à sua limitação certa, terá este livro a virtude, entre outras muitas que observo, de recordar-me a cada instante de minha infância apaixonada, corricando desnuda pelas pradarias de uma veiga sobre um fundo de serração.

OS ENCONTROS DE UM CARACOL AVENTUREIRO

Dezembro de 1918
(Granada)

A RAMÓN P. RODA

Há doçura infantil
na manhã quieta.
As árvores estendem
seus braços à terra.
Um bafo tremente
cobre as sementeiras,
e as aranhas estendem
seus caminhos de seda
– raias no cristal limpo
do ar.

Na alameda
um manancial recita
seu canto entre as ervas.
E o caracol, pacífico
burguês da vereda,
ignorado e humilde,
a paisagem contempla.
A divina quietude
da Natureza
deu-lhe valor e fé,
e esquecendo-se das penas
de seu lar, desejou
ver o fim da senda.

Pôs-se a andar e internou-se
em um bosque de heras
e de urtigas. No meio

havia duas rãs velhas
que tomavam sol,
entediadas e enfermas.

"Esses cantos modernos"
– murmurava uma delas –
"são inúteis." "Todos,
amiga" – lhe responde
a outra rã, que estava
ferida e quase cega. –
"Quando jovem acreditava
que se finalmente Deus ouvisse
o nosso canto, teria
compaixão. E minha ciência,
pois já vivi muito,
faz com que não o creia.
Eu já não canto mais..."

As duas rãs se queixam,
pedindo uma esmola
a uma rãzinha nova
que passa presumida
apartando as ervas.

Ante o bosque sombrio
o caracol se aterra.
Quer gritar. Não pode.
As rãs aproximam-se dele.

"É uma mariposa?"
– diz a quase cega.
"Tem dois cornichos"
– a outra rã responde.
"É o caracol. Vens,
caracol, de outras terras'?"

"Venho da minha casa e quero
bem depressa voltar para ela."
"É um bicho mui covarde"
– exclama a rã cega.
"Não cantas nunca?" "Não canto",
diz o caracol. "Nem rezas?"
"Tampouco – nunca aprendi."
"Nem crês na vida eterna?"
"O que é isso?"
                          "É viver sempre
dentro da água mais serena,
perto de uma terra florida
que rico manjar sustenta."

"Quando menino me disse
um dia minha pobre avó
que, ao morrer, eu iria
para junto das folhas mais tenras
das árvores mais altas."

"Uma herege era tua avó.
A verdade te dizemos
nós. Acreditarás nela" –
dizem as rãs furiosas.

"Por que quis ver a senda?"
– geme o caracol. "Sim, creio
para sempre na vida eterna
que [me] predicais..."
                          As rãs,
muito pensativas, afastam-se,
e o caracol, assustado,
vai-se perdendo na mata.

As duas rãs mendigas
como esfinges ficam.

Uma delas pergunta:
"Crês tu na vida eterna?"
"Eu não" – diz mui triste
a rã ferida e cega.
"Por que dissemos, então,
ao caracol que cresse?"
"Porque... Não sei por quê"
– diz a rã cega.
"Encho-me de emoção
ao sentir a firmeza
com que chamam meus filhos
a Deus lá da acéquia..."

   O pobre caracol
volta atrás. Na senda
um silêncio ondulado
mana da alameda.
Com um grupo de formigas
encarnadas se encontra.
Vão muito alvoroçadas,
arrastando atrás de si
outra formiga que tem
truncadas as antenas.
O caracol exclama:
"Formiguinhas, paciência.
Por que assim maltratais
vossa companheira?
Contai-me o que fez.
Eu julgarei com consciência.
Conta-o tu, formiguinha".

   A formiga, meio morta,
diz muito tristemente:
"Eu vi as estrelas".
"Que são as estrelas?", dizem
as formiguinhas inquietas.

E o caracol pergunta,
pensativo: "Estrelas?"
"Sim" – repete a formiga –,
"vi as estrelas,
subi na árvore mais alta
que existe na alameda
e vi milhares de olhos
dentro de minhas trevas."
O caracol pergunta:
"Mas o que são as estrelas?"
"São luzes que levamos
sobre nossa cabeça."
"Nós não as vemos",
as formigas comentam.
E o caracol: "Minha vista
só alcança as ervas".

As formigas exclamam,
movendo as suas antenas:
"Matar-te-emos; és
preguiçosa e perversa.
O trabalho é a tua lei".

"Eu vi as estrelas",
diz a formiga ferida.
E o caracol sentencia:
"Deixai-a ir,
continuai as vossas tarefas.
E possível que, muito em breve,
já rendida, morra".

Pelo ar dulcífico,
cruzou uma abelha.
A formiga, agonizando,
cheira a tarde imensa,
e diz: "É a que vem
levar-me a uma estrela".

As demais formiguinhas
fogem ao vê-la morta.

O caracol suspira
e aturdido se afasta
cheio de confusão
por causa do eterno. "A senda
não tem fim" – exclama.
"Talvez às estrelas
se chegue por aqui.
Mas minha grande fraqueza
me impedirá de chegar.
Não pensemos mais nelas."

Tudo estava brumoso
de sol débil e névoa.
Campanários longínquos
chamam gente à igreja,
e o caracol, pacífico
burguês da vereda,
aturdido e inquieto,
a paisagem contempla.

CANÇÃO OUTONAL
Novembro de 1918
(Granada)

Hoje sinto no coração
um vago tremor de estrelas,
mas minha senda se perde
na alma da névoa.
A luz me quebra as asas
e a dor de minha tristeza
vai molhando as recordações
na fonte da ideia.

Todas as rosas são brancas,
tão brancas como minha pena,
e não são as rosas brancas
porque nevou sobre elas.
Antes tiveram o íris.
Também sobre a alma neva.
A neve da alma tem
copos de beijos e cenas
que se fundiram na sombra
ou na luz de quem as pensa.

A neve cai das rosas,
mas a da alma fica,
e a garra dos anos
faz um sudário com elas.

Desfazer-se-á a neve
quando a morte nos levar?
Ou depois haverá outra neve
e outras rosas mais perfeitas?
Haverá paz entre nós
como Cristo nos ensina?
Ou nunca será possível
a solução do problema?

E se o amor nos engana?
Quem a vida nos alenta
se o crepúsculo nos funde
na verdadeira ciência
do Bem que quiçá não exista,
e do mal que palpita perto?

Se a esperança se apaga
e a Babel começa,
que tocha iluminará
os caminhos na Terra?

Se o azul é um sonho,
que será da inocência?
Que será do coração
se o Amor não tem flechas?

Se a morte é a morte,
que será dos poetas
e das coisas adormecidas
que já ninguém delas se recorda?
Oh! sol das esperanças!
Água clara! Lua nova!
Corações dos meninos!
Almas rudes das pedras!
Hoje sinto no coração
um vago tremor de estrelas
e todas as coisas são
tão brancas como minha pena.

ELEGIA A DONA JOANA, A LOUCA
Dezembro de 1918
(Granada)

A Melchor Fernández Almagro

Princesa enamorada sem ser correspondida.
Cravo vermelho num vale profundo e desolado.
A tumba que te guarda ressuma tua tristeza
através dos olhos que abriu sobre o mármore.

Eras uma pomba com alma gigantesca
cujo ninho foi sangue de solo castelhano,
derramaste teu fogo sobre um cálice de neve
e ao querer alentá-lo tuas asas se partiram.

Sonhavas que teu amor fosse como o infante
que te segue submisso recolhendo teu manto.
E em vez de flores, versos e colares de pérolas,
te deu a Morte rosas murchas em um ramo.

   Tinhas no peito a formidável aurora
de Isabel de Segura. Melibeia. Teu canto,
como calhandra que olha quebrar-se o horizonte,
se torna de repente monótono e amargo.

   E teu grito estremece os alicerces de Burgos.
E oprime a salmodia do coro cartusiano.
E choca com os ecos dos lentos sinos,
perdendo-se na sombra tremente e lacerado.

   Tinhas a paixão que dá o céu da Espanha.
A paixão do punhal, da olheira e do pranto.
Oh! princesa divina de crepúsculo vermelho,
com a roca de ferro, e de aço o fiado!

   Nunca tiveste o ninho, nem o madrigal dolente,
nem o alaúde jogralesco que soluça distante.
Teu jogral foi um mancebo com escamas de prata,
e um eco de trombeta sua voz enamorada.

   E, sem embargo, estavas para o amor formada,
feita para o suspiro, o mimo e o desmaio,
para chorar tristeza sobre o peito querido,
desfolhando uma rosa de olor entre os lábios.

   Para olhar a lua bordada sobre o rio
e sentir a nostalgia que em si leva o rebanho
e olhar os eternos jardins da sombra,
oh! princesa morena que dormes sob o mármore!

Tens os olhos negros abertos à luz?
Ou se enroscam serpentes em teus seios exaustos...
Para onde foram teus beijos lançados aos ventos?
Para onde foi a tristeza de teu amor desgraçado?

No cofre de chumbo, dentro de teu esqueleto,
terás o coração partido em mil pedaços.
E Granada te guarda como santa relíquia,
oh! princesa morena que dormes sob o mármore!

Heloisa e Julieta foram duas margaridas,
mas tu foste um vermelho cravo ensanguentado
que veio da terra dourada de Castela
para dormir entre neve e ciprestais castos.

Granada era teu leito de morte, Dona Joana,
os ciprestes, teus círios; a serra, teu retábulo.
Um retábulo de neve que mitigue tuas ânsias,
com a água que passa junto a ti! A do Douro!

Granada era teu leito de morte, Dona Joana,
a das torres velhas e do jardim calado,
a da hera morta sobre os muros vermelhos,
a da névoa azul e da murta romântica.

Princesa enamorada e mal correspondida.
Cravo vermelho num vale profundo e desolado.
A tumba que te guarda ressuma tua tristeza
através dos olhos que abriu sobre o mármore.

CIGARRA!

3 de agosto de 1918
(Fuente Vaqueros, Granada)

A María Luisa

Cigarra!
Ditosa tu!,
que sobre o leito de terra
morres ébria de luz.

    Tu sabes das campinas
o segredo da vida,
e o conto da fada velha
que a relva nascer sentia
em ti ficou guardado.

    Cigarra!
Ditosa tu!,
pois morres sob o sangue
de um coração todo azul.
A luz é Deus que descende,
e o sol,
brecha por onde se filtra.

    Cigarra!
Ditosa tu!,
pois sentes na agonia
todo o peso do azul.

    Todo vivente que passa
pelas portas da morte
vai com a cabeça baixa
e um ar branco dormente.
Com fala de pensamento.
Sem sons...

Tristemente,
coberto com o silêncio
que é o manto da morte.

    Mas tu, cigarra encantada,
derramando som, morres
e ficas transfigurada
em som e luz celeste.

    Cigarra!
Ditosa tu!,
pois te envolve com seu manto
o próprio Espírito Santo,
que é a luz.

    Cigarra!
Estrela sonora
sobre os campos adormecidos,
velha amiga das rãs
e dos obscuros grilos,
tens sepulcros de ouro
nos raios em tremulina
do sol que doce te fere
na força do Estio,
e o sol leva tua alma
para transformá-la em luz.

    Seja meu coração cigarra
sobre os campos divinos.
Que morra cantando lento
pelo céu azul ferido
e quando já esteja expirando
uma mulher que adivinho
o derrame com suas mãos
pelo pó.

E meu sangue sobre o campo
seja rosado e doce limo,
onde cravem as enxadas
os cansados camponeses.

Cigarra!
Ditosa tu!,
pois te ferem as espadas invisíveis
do azul.

CANÇÃO ORIENTAL
1920

É a romã olorosa
um céu cristalizado.
(Cada grão é uma estrela,
cada véu é um ocaso.)
Céu seco e comprimido
pela garra dos anos.

A romã é como um seio
velho e apergaminhado,
cujo mamilo se fez estrela
para iluminar o campo.

É colmeia diminuta
com favo ensanguentado,
pois com bocas de mulheres
suas abelhas a formaram.
Por isso ao estalar, ri
com púrpuras de mil lábios...

A romã é coração
que palpita sobre a semeada,

um coração desdenhoso
onde não bicam os pássaros,
um coração que por fora
é duro como o humano,
mas dá a quem o traspassa
olor e sangue de maio.
A romã é o tesouro
do velho gnomo do prado,
o que falou com a Rosinha
no bosque solitário.
Aquele da branca barba
e do traje colorido.
É o tesouro que ainda guardam
as verdes folhas da árvore.
Arca de pedras preciosas
em entranha de ouro vago.

A espiga é o pão. É Cristo
em vida e morte coalhado.

A oliveira é a firmeza
da força e o trabalho.

A maçã é o carnal,
fruta esfinge do pecado,
gota de séculos que guarda
de Satanás o contato.

A laranja é a tristeza
do broto profanado,
pois se torna fogo e ouro
o que antes foi puro e branco.

As vides são a luxúria
que se coalha no verão,
das que a igreja tira,
com bendição, o licor santo.

As castanhas são a paz
do lar. Coisas de antanho.
Crepitar de lenhos velhos,
peregrinos desencaminhados.

A bolota é a serena
poesia do ranço,
e o marmelo de ouro débil
a limpeza do que é são.

Mas a romã é o sangue,
sangue do céu sagrado,
sangue da terra ferida
pela agulha do regato.
Sangue do vento que vem
do rude monte arranhado.
Sangue do mar tranquilo,
sangue do adormecido lago.
A romã é a pré-história
do sangue que levamos em nossas veias,
a ideia de sangue, encerrada
em glóbulo duro e agro,
que tem uma vaga forma
de coração e de crânio.

Oh, romã aberta!, que és
uma chama sobre a árvore,
irmã carnal de Vênus,
riso do horto arejado.
Cercam-te as mariposas
confundindo-te com um sol parado,
e com medo de queimar-se
fogem de ti os vermes.

Porque és luz da vida,
fêmea das frutas. Claro

luzeiro da floresta
do arroio enamorado.

    Quem fora como tu, fruta,
todo paixão sobre o campo!

MANANCIAL

Fragmento
1919

A sombra adormeceu na pradaria.
Os mananciais cantam.

    Ante o largo crepúsculo de inverno
meu coração sonhava.
Quem pudera entender os mananciais,
o segredo da água
recém-nascida, esse cantar oculto
a todos os olhares
do espírito, doce melodia
além das almas...?

    Lutando sob o peso da sombra,
um manancial cantava.
Aproximei-me para escutar-lhe o canto,
mas meu coração não entende nada.

    Era um brotar de estrelas invisíveis
sobre a erva casta,
nascimento do Verbo da terra
por um sexo sem mancha.

    Meu choupo centenário da veiga
suas folhas meneava,
e eram folhas trêmulas de ocaso
como estrelas de prata.

O resumo de um céu de verão
era o grande choupo.
                    Mansas
e turvas de penumbra eu sentia
as canções da água.

    Que alfabeto de auroras compôs
suas escuras palavras?
Que lábios as pronunciam? E que dizem
à estrela distante?
Meu coração é mau, Senhor! Sinto na carne
a implacável brasa
do pecado. Meus mares interiores
ficaram sem praias.
Teu farol se apagou. Eis que os acende
meu coração de chamas!
Mas o negro segredo da noite
e o segredo da água
são mistérios tão somente para o olho
da consciência humana?
A névoa do mistério não estremece
a árvore, o inseto e a montanha?
O terror das sombras, não o sentem
as pedras e as plantas?
É som tão somente esta voz minha?
E o casto manancial não diz nada?

    Mas eu sinto na água
algo que me estremece..., como um vento
que agita as ramagens de minha alma.

Sê árvore!
              (Disse uma voz à distância.)
E houve uma torrente de luzeiros
sobre o céu sem mancha.

   Eu me incrustei no choupo centenário
com tristeza e com ânsia.
Qual Dafne varonil que foge medrosa
de um Apolo de sombra e de nostalgia.
Meu espírito fundiu-se com as folhas
e foi meu sangue seiva.
Em untuosa resina converteu-se
a fonte de minhas lágrimas.
O coração foi-se com as raízes,
e minha paixão humana,
fazendo feridas na rude carne,
fugaz me abandonava.

   Ante o largo crepúsculo de inverno
eu torcia os ramos
gozando dos ritmos ignorados
entre a brisa gelada.

   Senti sobre meus braços doces ninhos,
acariciar de asas,
e senti mil abelhas campesinas
que em meus dedos zumbiam.
Tinha uma colmeia de ouro vivo
nas velhas entranhas!
A paisagem e a terra se perderam,
só o céu restava,
e escutei o débil ruído dos astros
e o respirar das montanhas.

   Não poderão compreender minhas doces folhas
o segredo da água?
Chegarão minhas raízes aos reinos

onde nasce e se coagula?
Inclinei minhas ramagens para o céu
que as ondas copiavam,
molhei as folhas no cristalino
diamante azul que canta,
e senti borbotar os mananciais,
escutando-os como se fossem humanos.
Era o mesmo fluir cheio de música
e de ciência ignorada.

      Ao levantar meus braços gigantescos
ante o azul, estava
cheio de névoa espessa, de orvalho
e de luz murchada.

      Tive a grande tristeza vegetal,
o amor pelas asas.
Para poder lançar-me com os ventos
às estrelas brancas.
Mas meu coração nas raízes
triste me murmurava:
"Se não compreendes os mananciais,
morre e quebra teus ramos!"

      Senhor, arranca-me do chão! Dá-me ouvidos
que entendam as águas!
Dá-me uma voz que por amor arranque
o segredo das ondas encantadas,
para acender seu farol só peço
óleo de palavras.

      "Sê rouxinol!", diz uma voz perdida
na morta distância,
e uma torrente de cálidos luzeiros
brotou do seio que a noite guarda.

....
....

O BODE
1919

O rebanho de cabras passou
junto às águas do rio.
Na tarde cor-de-rosa e de safira,
cheia de paz romântica,
eu fito
o grande bode.

    Salve, demônio mudo!
És o mais
intenso animal.
Místico eterno
do inferno
carnal...

    Quantos encantos
tem tua barba,
tua fronte larga,
rude Dom Juan!

Que grande acento em tua olhada
mefistofélica
e passional!

    Vais pelos campos
com tua manada,
feito um eunuco,
sendo um sultão!
Tua sede de sexo
nunca se apaga;
bem aprendeste
do pai Pã!

A cabra
lenta te vai seguindo,
enamorada com humildade;
mas tuas paixões são insaciáveis;
a velha Grécia
te compreenderá.

Ó ser de profundas lendas santas
de ascetas fracos e Satanás,
com pedras negras e cruzes toscas,
com feras mansas e covas fundas,
onde te viram por entre a sombra
soprar a chama
do sexual!

Machos cornudos
de bravas barbas!
Resumo negro do medieval!
Nascestes junto com Filomnedes
em meio à espuma casta do mar,
e vossas bocas
a acariciaram
ante o assombro do mundo astral.

Sois dos bosques cheios de rosas
onde a luz é furacão;
sois dos prados de Anacreonte,
cheios com sangue do imortal.

Bodes!
Sois metamorfose
de velhos sátiros
perdidos já.
Ides derramando luxúria virgem
como nenhum outro animal.

    Iluminados do Meio-dia!
Parai firmes
para escutar
o que lá do fundo das campinas
o galo vos diz:
"Saúde!", ao passar.

POEMA DO "CANTE JONDO"
(1921)

POEMA DA SIGUIRIYA GITANA

A Carlos Morla Vicuña

PAISAGEM

O campo
de oliveiras
se abre e se fecha
como um leque.
Sobre o olival
há um céu fundido
e uma chuva escura
de luzeiros frios.
Tremem junco e penumbra
à beira do rio.
Eriça-se o ar gris.
As oliveiras
estão carregadas
de gritos.
Uma bandada
de pássaros cativos
que movem as longuíssimas
caudas no sombrio.

A GUITARRA

Começa o pranto
da guitarra.
Quebram-se os copos
da madrugada.
Começa o pranto
da guitarra.
E inútil calá-la.

É impossível
calá-la.
Chora monótona
como chora a água,
como chora o vento
sobre a nevada.
É impossível
calá-la.
Chora por coisas
distantes.
Areia do Sul quente
que pede camélias brancas.
Chora flecha sem alvo,
a tarde sem manhã,
e o primeiro pássaro morto
sobre o ramo.
Oh! guitarra!
Coração malferido
por cinco espadas.

O GRITO

A elipse de um grito
vai de monte
a monte.

    Desde as oliveiras
será um arco-íris negro
sobre a noite azul.

                Ai!

    Como um arco de viola
o grito fez vibrarem
longas cordas do vento

Ai!

(As pessoas das covas
erguem seus candeeiros.)

Ai!

O SILÊNCIO

Ouve, meu filho, o silêncio.
É um silêncio ondulado,
um silêncio
onde resvalam vales e ecos
e que inclina as frontes
para o chão.

O PASSO DA SIGUIRIYA

Entre mariposas negras,
vai uma moça morena
junto a uma branca serpente
de névoa.

*Terra de luz,
céu de terra.*

Vai encadeada ao tremor
de um ritmo que nunca chega;
tem o coração de prata
e um punhal na destra.

Aonde vais, siguiriya,
com um ritmo sem cabeça?
Que lua recolherá
tua dor de cal e adelfa?

Terra de luz,
céu de terra.

DEPOIS DE PASSAR

Os meninos fitam
um ponto distante.

Os candis se apagam.
Umas moças cegas
interrogam a lua,
e pelo ar ascendem
espirais de pranto.

As montanhas olham
um ponto distante.

E DEPOIS

Os labirintos
que cria o tempo
se desvanecem.

(Só fica
o deserto.)

O coração,
fonte do desejo,
se desvanece.

(Só fica
o deserto.)

A ilusão da aurora
e os beijos
se desvanecem.

Só fica
o deserto.
Um ondulado
deserto.

POEMA DA SOLEÁ*

A JORGE ZALAMEA

Terra seca,
terra quieta
de noites
imensas.

(Vento no olival,
vento na serra.)

Terra
velha
do candil
e da pena.
Terra
das fundas cisternas.
Terra
da morte sem olhos
e das flechas.

(Vento pelos caminhos.
Brisa nas alamedas.)

---

* Ou "soledad": canção típica de Andaluzia.

POVOADO

Sobre o monte pelado
um calvário.
Água clara
e oliveiras centenárias.
Pelas ruelas
homens embuçados,
e nas torres
veletas girando.
Eternamente
girando.
Oh! povoado perdido,
na Andaluzia do pranto!

PUNHAL

O punhal
entra no coração
como a relha do arado
no ermo.

> *Não*
> *Não mo craves.*
> *Não.*

O punhal,
como um raio de sol,
incendeia as terríveis
funduras.

> *Não*
> *Não mo craves.*
> *Não.*

ENCRUZILHADA

Vento do Leste:
um farol
e o punhal
no coração.
A rua
tem um tremor
de corda
em tensão,
um tremor
de enorme moscardão.
Por todas as partes
eu
vejo o punhal
no coração.

AI!

O grito deixa no vento
uma sombra de cipreste.

    (Deixai-me neste campo
chorando.)

    Tudo se partiu no mundo.
Não resta mais que o silêncio.

    (Deixai-me neste campo
chorando.)

    O horizonte sem luz
está mordido de fogueiras.

(Eu já vos disse que me deixeis
neste campo
chorando.)

SURPRESA

Morto ficou na rua
com um punhal no peito.
Ninguém o conhecia.
Como tremia o farol!
Mãe.
Como tremia o farolzinho
da rua!
Era madrugada. Ninguém
pôde assomar-se a seus olhos
abertos ao duro ar.
Porque morto ficou na rua,
porque com um punhal no peito
e porque ninguém o conhecia.

A SOLEÁ

Vestida com mantos negros
pensa que o mundo é pequenino
e o coração é imenso.

Vestida com mantos negros.

Pensa que o suspiro terno
e o grito desaparecem
na corrente do vento.

Vestida com mantos negros.

Deixou o balcão aberto
e à aurora pelo balcão
derramou-se todo o céu.

Ai aiaiaiai,
porque vestida com mantos negros!

COVA

Da cova saem
longos soluços.

(O cárdeo
sobre o vermelho.)

O gitano evoca
países remotos.

(Torres altas e homens
misteriosos.)

Na voz entrecortada
vão seus olhos.

(O negro
sobre o vermelho.)

E a cova caiada
treme no ouro.

(O branco
sobre o vermelho.)

ENCONTRO

Nem tu nem eu estamos
com disposição
de nos encontrar.
Tu... pelo que já sabes.
Eu a quis tanto!
Segue esta veredazinha.
Nas mãos,
tenho os buracos
dos cravos.
Não vês como me estou
dessangrando?
Não olhes nunca para trás,
vai devagar
e reza como eu
para São Caetano,
que nem tu nem eu estamos
com disposição
de nos encontrar.

AURORA

Sinos de Córdoba
na madrugada.
Sinos de amanhecer
em Granada.
Ouvem-nos todas as moças
que choram à terna
soleá enlutada.
As moças
de Andaluzia alta
e baixa.
As meninas de Espanha,
de pé miúdo

e trêmulas saias,
que encheram de luzes
as encruzilhadas.
Oh! sinos de Córdoba
na madrugada,
e oh! sinos de amanhecer
em Granada!

PRIMEIRAS CANÇÕES
(1922)

QUATRO BALADAS AMARELAS

I

No alto daquele monte
há uma arvorezinha verde.

> *Pastor que vais,*
> *pastor que vens.*

Olivais sonolentos
baixam à planície quente.

> *Pastor que vais,*
> *pastor que vens.*

Nem ovelhas brancas nem cachorro
nem cajado nem amor tens.

Pastor que vais,

Como uma sombra de ouro,
no trigal te dissolves.

Pastor que vens.

II

A terra estava
amarela.

> *Ourinho, ourinho,*
> *pastorzinho.*

Nem lua branca
nem estrela luziam.

Ourinho, ourinho,
pastorzinho.

Vindimadora morena
corta o pranto da vinha.

Ourinho, ourinho,
pastorzinho.

III

Dois bois vermelhos
no campo de ouro.

Os bois têm ritmo
de sinos antigos
e olhos de pássaro.
São para as manhãs
de névoa, e sem embargo
perfumam a laranja
do ar, no verão.
Velhos desde que nascem
não têm amo
e recordam as asas
de seus costados.
Os bois
sempre vão suspirando
pelos campos de Ruth
em busca do vau,
do eterno vau,
ébrios de luzeiros
a ruminar seus prantos.

*Dois bois vermelhos
no campo de ouro.*

IV

*Sobre o céu
das margaridas ando.*

Nesta tarde imagino
que sou santo.
Puseram-me a lua
nas mãos.
Eu a pus outra vez
no espaço
e o Senhor me premiou
com a rosa e o halo.

*Sobre o céu
das margaridas ando.*

E agora vou
por este campo
a livrar as meninas
dos galãs maus
e dar moedas de ouro
a todos os rapazes.

*Sobre o céu
das margaridas ando.*

CANÇÃO

Pelos ramos do loureiro
vão duas pombas escuras.

Uma era o sol,
a outra, a lua.
Vizinhas, disse-lhes,
onde está minha sepultura?
Em minha cauda, disse o sol.
Em minha garganta, disse a lua.
E eu que estava caminhando
com terra pela cintura
vi duas águias de mármore
e uma rapariga desnuda.
Uma era a outra
e a rapariga era nenhuma.
Aguiazinhas, disse-lhes,
onde está minha sepultura?
Em minha cauda, disse o sol.
Em minha garganta, disse a lua.
Pelos ramos da cerejeira
vi duas pombas desnudas,
uma era a outra,
e as duas eram nenhuma.

CANÇÕES
(1921-1924)

*A
Pedro Salinas,
Jorge Guillén e
Melchorito Fernández Almagro*

ANDALUZAS

A MIGUEL PIZARRO
(NA IRREGULARIDADE SIMÉTRICA DO JAPÃO)

CANÇÃO DE GINETE
(1860)

Na lua negra
dos bandoleiros
cantam as esporas.

    Cavalinho negro.
Aonde levas o teu ginete morto?

    ... As duras esporas
do bandido imóvel
que perdeu as rédeas.

    Cavalinho frio.
Que perfume de flor de faca!

    Na lua negra
sangrava o costado
de Serra Morena.

    Cavalinho negro.
Aonde levas o teu ginete morto?

    A noite esporeia
suas negras ilhargas
cravando-se estrelas.

    Cavalinho frio.
Que perfume de flor de faca!

Na lua negra,
um grito! e o chifre
comprido da fogueira.

Cavalinho negro.
Aonde levas o teu ginete morto?

ADELINA DE PASSEIO

O mar não tem laranjas,
nem Sevilha tem amor.
Morena, que luz de fogo.
Empresta-me teu guarda-sol.

Ficarei com a cara verde
– sumo de lima e limão –,
tuas palavras – peixinhos –
nadarão em redor.

O mar não tem laranjas.
Ai, amor.
Nem Sevilha tem amor!

[AMORA COM O TRONCO GRIS]

Amora de tronco gris,
dá um cacho para mim.

Sangue e espinhos. Aproxima-te.
Se me queres, querer-te-ei.

Deixa teu fruto de verde e sombra
na minha língua, amora.

Que longo abraço te daria
na penumbra de meus espinhos.

Amora, aonde vais?
Vou buscar amores que tu não me dás.

[MINHA MENINA FOI AO MAR]

Minha menina foi ao mar,
para contar ondas e calhaus,
mas se encontrou, subitamente,
com o rio de Sevilha.

Entre adelfas e sinos
cinco barcos se embalavam,
com os remos na água
e as velas soltas à brisa.

Quem olha dentro da torre
ajaezada, de Sevilha?
Cinco vozes respondiam
redondas como anéis.

O céu monta galhardo
no rio, de margem a margem.
No céu cinzento,
cinco anéis se embalavam.

TARDE

*(Estava a minha Lucia
com os pés no arroio?)*

Três álamos imensos
e uma estrela.

O silêncio mordido
pelas rãs se assemelha
a uma gaze pintada
com pintinhas verdes.

No rio,
uma árvore seca
floresceu em círculos
concêntricos.

E sonhei sobre as águas
com a moreninha de Granada.

CANÇÃO DE GINETE

Córdoba.
Distante e só.

Égua negra, lua grande,
e azeitonas em meu alforje.
Embora saiba os caminhos,
eu nunca chegarei a Córdoba.

Pela planície, pelo vento,
égua negra, lua vermelha.
A morte está me olhando
lá das torres de Córdoba.

Ai, que caminho tão longo!
Ai, minha égua valorosa!
Ai, que a morte me espera,
antes de chegar a Córdoba.

Córdoba.
Distante e só.

É VERDADE

Ai, quanto trabalho me dá
querer-te como eu quero!

    Por teu amor me dói o ar,
o coração
e o chapéu.

    Quem compraria de mim
este cinteiro que tenho
e esta tristeza de fio
branco, para fazer lenços?

        Ai, quanto trabalho me dá
querer-te como eu quero!

[ARVORÉ ARVORÉ]

Arvoré arvoré
seca e verdé.

    A menina de belo rosto
está colhendo azeitona.
O vento, galã de torres,
prende-a pela cintura.
Passaram quatro ginetes,
em éguas andaluzas,
com trajes de azul e verde,
com longas capas escuras.
"Vem a Granada, menina."
A menina não os escuta.
Passaram três toureirinhos
de cintura fina,
com trajes cor de laranja

e espada de prata antiga.
"Vem a Sevilha, menina."
A menina não os escuta.
Quando a tarde ficou
morada, com luz difusa,
passou um jovem que levava
rosas e mirtos de lua.
"Vem a Granada, menina."
E a menina não o escuta.
A menina do belo rosto
continua colhendo azeitona,
com o braço gris do vento
cingido pela cintura.

    Arvoré arvoré
seca e verdé.

[GALÃ]

Galã,
galãzinho.
Em tua casa queimam tomilho.

    Podes ir, ou podes vir,
com chave fecho a porta.

    Com chave de prata fina.
Atada com uma fita.

    Na fita há um letreiro:
"Meu coração está longe".

    Não dês voltas em minha rua.
Deixa-a toda para o ar!

Galã,
galãzinho.
Em tua casa queimam tomilho.

TRÊS RETRATOS COM SOMBRAS

VERLAINE

A canção,
que nunca direi,
adormeceu em meus lábios.
A canção
que nunca direi.

Entre as madressilvas
havia um vaga-lume,
e a lua feria
com um raio a água.

Então eu sonhei
com a canção
que nunca direi.

Canção cheia de lábios
e de álveos distantes.

Canção cheia de horas
perdidas na sombra.

Canção de estrela viva
sobre um perpétuo dia.

JUAN RAMÓN JIMÉNEZ

No branco infinito,
neve, nardo e salina,
perdeu sua fantasia.

   A cor branca anda
sobre um mudo tapete
de penas de pomba.

   Sem olhos nem ademã
imóvel sofre um sonho.
Mas treme por dentro.

   No branco infinito,
quão pura e longa ferida
deixou sua fantasia!

   No branco infinito.
Neve. Nardo. Salina.

DEBUSSY

Minha sombra vai silenciosa
pela água da acéquia.

   Por causa de minha sombra as rãs estão
privadas das estrelas.

   A sombra envia ao meu corpo
reflexos de coisas quietas.

   Minha sombra vai como imenso
mosquito cor de violeta.

Cem grilos querem dourar
a luz do canavial.

Uma luz nasce em meu peito,
refletido da acéquia.

ROMANCEIRO GITANO
(1924-1927)

ROMANCE SONÂMBULO

A Gloria Giner
e Fernando de los Ríos

Verde que te quero verde.
Verde vento. Verdes ramas.
O barco no mar
e o cavalo na montanha.
Com a sombra na cintura
ela sonha em seu balcão,
verde carne, pelo verde,
com olhos de fria prata.
Verde que te quero verde.
Sob a lua gitana,
as coisas a estão olhando
e ela não pode olhá-las.

*

Verde que te quero verde.
Grandes estrelas de escarcha,
vêm com o peixe de sombra
que abre o caminho da alba.
A figueira esfrega o seu vento
com a lixa de seus ramos,
e o monte, gato larápio,
eriça suas pitas acres.
Mas quem virá? E por onde...?
Ela continua em seu balcão,
verde carne, pelo verde,
sonhando com o mar amargo.
Compadre, quero trocar
meu cavalo por sua casa,
meu arreio por seu espelho,
minha faca por sua manta.
Compadre, venho sangrando,
desde os portos de Cabra.

Se eu pudesse, mocinho,
esse trato se fechava.
Porém eu já não sou eu,
nem meu lar é mais meu lar.
Compadre, quero morrer
decentemente em minha cama.
De aço, se puder ser,
com os lençóis de holanda.
Não vês a ferida que tenho
do peito até a garganta?
Trezentas rosas morenas
traz o teu peitilho branco.
Teu sangue ressuma e cheira
ao redor de tua faixa.
Porém eu já não sou eu,
nem meu lar é mais meu lar.
Deixai-me subir ao menos
até as altas varandas,
deixai-me subir!, deixai-me
até as verdes varandas.
Corrimões da lua
por onde retumba a água.

*

    Já sobem os dois compadres
rumo às altas varandas.
Deixando um rastro de sangue.
Deixando um rastro de lágrimas.
Tremiam nos telhados
candeeirinhos de lata.
Mil pandeiros de cristal
feriam a madrugada.

*

    Verde que te quero verde,
verde vento, verdes ramas.
Os dois compadres subiram.
O longo vento deixava

na boca um raro gosto
de fel, de menta e alfavaca.
Compadre! Onde está, dize-me?
Onde está a tua jovem amarga?
Quantas vezes te esperou!
Quantas vezes te esperara,
rosto fresco, cabelo negro,
nesta verde varanda!

*

    Sobre a boca da cisterna
embalava-se a gitana.
Verde carne, pelo verde,
com olhos de fria prata.
Um carambano de lua
sustenta-a sobre a água.
A noite tornou-se íntima
como uma pequena praça.
Os guardas, bêbedos,
davam murros na porta.
Verde que te quero verde.
Verde vento. Verdes ramas.
O barco no mar.
E o cavalo na montanha.

A MONJA GITANA

A José Moreno Villa

Silêncio de cal e mirto
Malvas entre as ervas finas.
A monja borda alelis
sobre um pano palhiço.
Voam na aranha gris
sete pássaros do prisma.
A igreja grunhe ao longe
como um urso de barriga para cima.

Quão bem borda! Com que graça!
sobre o pano palhiço,
ela quisera bordar
flores de sua fantasia.
Que girassol! Que magnólia
de lantejoulas e cintas!
Que açafrões e que luas,
no mantel da missa!
Cinco toranjas se adoçam
na próxima cozinha.
As cinco chagas de Cristo
cortadas em Almeria.
Pelos olhos da monja
galopam dois cavaleiros.
Um rumor último e surdo
lhe desprega a camisa,
e ao olhar nuvens e montes
nas hirtas lonjuras,
parte-se o seu coração
de açúcar e erva-luísa.
Oh! que planura empinada
com vinte sóis em cima.
Que rios postos de pé
vislumbra sua fantasia!
Mas segue com suas flores,
enquanto de pé, na brisa,
a luz joga xadrez
no alto da gelosia.

A CASADA INFIEL

A Lydia Cabrera
e à sua negrita

E eu que a levei ao rio,
pensando que fosse donzela,

porém já tinha marido.
Foi na noite de Santiago
e quase por compromisso.
Apagaram-se os lampiões
e acenderam-se os grilos.
Nas últimas esquinas
apalpei seus peitos dormidos,
que para mim logo se abriram
como ramos de jacintos.
A goma de sua anágua
soava em meu ouvido
como uma peça de seda
rasgada por dez facas.
Sem luz de prata em suas copas
as árvores cresceram,
e um horizonte de cães
ladra mui longe do rio.

*

Passadas as amoras,
os juncos e os espinheiros,
debaixo de sua mata de pelo
fiz um fojo sobre o limo.
Eu tirei a gravata.
Ela tirou o vestido.
Eu, o cinturão com revólver.
Ela, seus quatro corpetes.
Nem nardos nem caracóis
têm uma cútis tão fina,
nem os cristais ao luar
relumbram com tanto brilho.
Suas coxas se esquivavam de mim
como peixes surpreendidos,
metade cheias de lume,
metade cheias de frio.
Aquela noite corri
o melhor dos caminhos,

montado em potra de nácar
sem bridas e sem estribos.
Não quero dizer, como homem que sou,
as coisas que ela me disse.
A luz do entendimento
me faz ser muito comedido.
Suja de beijos e areia,
levei-a do rio comigo.
Com a aragem lutavam
as espadas dos lírios.

    Portei-me como quem sou.
Como um gitano legítimo.
Dei-lhe uma cesta de costura,
grande, de raso palhiço,
e não quis enamorar-me
porque tendo ela marido
me disse que era donzela
quando eu a levava ao rio.

PRISÃO DE ANTONINHO, O CAMBÓRIO, NO CAMINHO DE SEVILHA

A Margarita Xirgu

Antonio Torres Heredia,
filho e neto de Cambórios,
com uma vara de vime,
vai a Sevilha ver os touros.
Moreno de verde lua
anda devagar e garboso.
Seus empavonados bucles
brilham-lhe entre os olhos.

Na metade do caminho
cortou limões redondos,
e os foi atirando n'água
até que a tornou de ouro.
E na metade do caminho,
sob os ramos de um olmo,
guarda-civil caminheiro
levou-o grudado a si.

*

    Vai-se o dia devagar,
a tarde pendurada a um ombro,
caindo lentamente
sobre o mar e os arroios.
As azeitonas aguardam
a noite de Capricórnio,
e uma curta brisa, equestre,
salta os montes de chumbo.
Antonio Torres Heredia,
filho e neto de Cambórios,
vem sem vara de vime
entre os cinco tricórnios.

    Antonio, quem és tu?
Se te chamasses Cambório,
terias feito uma fonte
de sangue com cinco jorros.
Tampouco és filho de alguém,
nem legítimo Cambório.
Acabaram-se os gitanos
que iam sós pelo monte!
Estão as velhas facas
tiritando sob o pó.

    Às nove da noite
levam-no ao calabouço,
enquanto os guardas-civis

bebem limonada todos.
E às nove da noite
encerram-no no calabouço,
enquanto o céu reluz
como a garupa de um potro.

MORTE DE ANTONINHO, O CAMBÓRIO

A José Antonio Rubio Sacristán

Vozes de morte soaram
perto do Guadalquivir.
Vozes antigas que procuram
voz de cravo varonil.
Cravou-lhes sobre as botas
mordidas de javali.
Na luta dava saltos
ensaboados de delfim.
Banhou com sangue inimigo
sua gravata carmesim,
mas eram quatro punhais
e teve que sucumbir.
Quando as estrelas cravam
rojões na água gris,
quando os novilhos sonham
verônicas de aleli,
vozes de morte soaram
perto do Guadalquivir.

*

   Antonio Torres Heredia,
Cambório de dura crina,
moreno de verde lua,
voz de cravo varonil:

Quem te tirou a vida
perto do Guadalquivir?
Meus quatro primos Herédias
filhos de Benameji.
O que em outros não invejavam,
era invejado em mim.
Sapatos cor de passa,
medalhões de marfim,
e esta cútis mesclada
com azeitona e jasmim.
Ai, Antoninho, o Cambório,
digno de uma Imperatriz!
Lembra-te da Virgem
porque vais morrer.
Ai, Federico García,
chama a Guarda Civil!
Já meu talhe se quebrou
como haste de milho.

    Três golpes sangrentos teve
e morreu de perfil.
Viva moeda que nunca
tornará a repetir-se.
Um anjo garboso põe-lhe
a cabeça num coxim.
Outros de rubor cansado
acenderam um candil.
E quando os quatro primos
chegam a Benameji,
vozes de morte cessaram
perto do Guadalquivir.

ROMANCE DA
GUARDA CIVIL ESPANHOLA

A Juan Guerrero,
Cônsul-geral da Poesia

Os cavalos negros são.
As ferraduras são negras.
Nas capas reluzem
manchas de tinta e de cera.
Têm, por isso não choram,
de chumbo as caveiras.
Com a alma de charão
vêm pela estrada.
Corcovados e noturnos,
por onde animam, ordenam
silêncios de goma escura
e medos de fina areia.
Passam, se querem passar,
e ocultam na cabeça
uma vaga astronomia
de pistolas inconcretas.

*

Oh! cidade dos gitanos!
Nas esquinas bandeiras.
A lua e a calabaça
com as ginjas em conserva.
Oh! cidade dos gitanos!
Quem te viu e não se recorda de ti?
Cidade de dor e almíscar,
com as torres de canela.

*

Quando caía a noite,
noite que noite noiteira,

os gitanos com suas fráguas
forjavam sóis e flechas.
Um cavalo malferido
chamava a todas as portas.
Galos de vidro cantavam
por Jerez de la Frontera.
O vento dobra desnudo
a esquina da surpresa,
na noite prata-noite,
noite, que noite noiteira.

*

    A Virgem e São José
perderam suas castanholas,
e procuram os gitanos
para ver se as encontram.
A Virgem vem vestida
com um traje de alcaidessa
de papel de chocolate
com colares de amêndoas.
São José move os braços
sob uma capa de seda.
Atrás vai Pedro Domecq
com três sultões da Pérsia.
A meia-lua sonhava
um êxtase de cegonha.
Estandartes e faróis
invadem as açoteias.
Pelos espelhos soluçam
bailarinas sem quadris.
Água e sombra, sombra e água
por Jerez de la Frontera.

*

    Oh! cidade dos gitanos!
Nas esquinas bandeiras.
Apaga as tuas verdes luzes
porque vem a benemérita.

Oh! cidade dos gitanos!
Quem te viu e não se recorda de ti?
Deixai-a longe do mar
sem pente para suas riscas.

*

    Avançam de dois no fundo
para a cidade da festa.
Um rumor de sempre-vivas
invade as cartucheiras.
Avançam de dois no fundo.
Duplo noturno de tela.
O céu parece a eles
uma vitrina de esporas.

*

    A cidade, livre do medo,
multiplicava as suas portas.
Quarenta guardas-civis
entram nelas para o saque.
Os relógios pararam,
e o conhaque das garrafas
se disfarçou de novembro
para não infundir suspeitas.
Um voo de gritos longos
se levantou nos cata-ventos.
Os sabres cortam as brisas
que os cascos atropelam.
Pelas ruas de penumbra
fogem as gitanas velhas
com os cavalos dormidos
e os vasos de moedas.
Pelas ruas empinadas
sobem as capas sinistras,
deixando para trás fugazes
remoinhos de tesouras.

No portal de Belém
os gitanos se congregam.
São José, cheio de feridas,
amortalha uma donzela.
Teimosos fuzis agudos
a noite toda soam.
A Virgem cura os meninos,
com salivinha de estrela.
Mas a Guarda Civil
avança semeando fogueiras,
onde jovem e desnuda
a imaginação se queima.
Rosa, a dos Cambórios,
geme sentada à sua porta
com seus dois peitos cortados
postos numa bandeja.
E outras moças corriam
perseguidas por suas tranças,
num ar onde estalam
rosas de pólvora negra.
Quando todos os telhados
eram sulcos na terra,
a aurora mexeu seus ombros
em longo perfil de pedra.

*

Oh! cidade dos gitanos!
A Guarda Civil se afasta
por um túnel de silêncio
enquanto as chamas te cercam.

Oh! cidade dos gitanos!
Quem te viu e não se recorda de ti?
Que te busquem em minha frente.
Jogo de lua e de areia.

POETA EM NOVA YORK
(1929-1930)

A BEBE E CARLOS MOURA

*Os poemas deste livro foram escritos na cidade de
Nova York, nos anos 1929-1930, onde o poeta viveu
como estudante na Columbia University.*

F.G.L.

OS NEGROS

Para Angel del Río

NORMA E PARAÍSO DOS NEGROS

Odeiam a sombra do pássaro
na preamar da branca face
e o conflito de luz e vento
no salão da neve fria.

Odeiam a flecha sem corpo,
o lenço exato da despedida,
a agulha que mantém pressão e rosa
no gramíneo rubor do sorriso.

Amam o azul deserto,
as vacilantes expressões bovinas,
a mentirosa lua dos polos,
a dança curva da água na margem.

Com a ciência do tronco e do rastro
enchem de nervos luminosos a argila
e patinam lúbricos por água e areias
degustando a amarga frescura de sua milenária saliva.

É pelo azul rangente,
azul sem verme ou rastro adormecido,
onde os ovos de avestruz ficam eternos
e deambulam intactas as chuvas bailarinas.

É pelo azul sem história,
azul de uma noite sem temor de dia,
azul onde a nudez do vento vai quebrando
os camelos sonâmbulos das nuvens vazias.

É ali onde sonham os torsos sob a gula da erva.
Ali os corais empapam o desespero da tinta,
os dormentes apagam seus perfis sob a madeixa
                              [dos caracóis
e fica o oco de dança sobre as últimas cinzas.

ODE AO REI DE HARLEM

Com uma colher,
arrancava os olhos dos crocodilos
e batia no traseiro dos macacos.
Com uma colher.

Fogo de sempre dormia nos pedernais
e os escaravelhos embriagados de anis
olvidavam o musgo das aldeias.

Aquele velho coberto de setas
ia ao lugar onde choravam os negros
enquanto rangia a colher do rei
e chegavam os tanques de água podre.

As rosas fugiam pelos fios
das últimas curvas do ar,
e nos montões de açafrão
os meninos machucavam esquilinhos
com um rubor de frenesi manchado.

É preciso cruzar as pontes
e chegar ao rubor negro
para que o perfume do pulmão
nos golpeie as fontes com o seu vestido
de quente pinha.

É preciso matar o ruivo vendedor de aguardente,
todos os amigos da maçã e da areia,

e é necessário dar com os punhos fechados
nas pequenas judias que tremem cheias de borbulhas,
para que o rei de Harlem cante com a sua multidão,
para que os crocodilos durmam em longas filas
sob o amianto da lua,
e para que ninguém duvide da infinita beleza
dos espanadores, raladores, os cobres e caçarolas
                              [das cozinhas.

  Ai, Harlem! Ai, Harlem! Ai, Harlem!
Não há angústia comparável a teus olhos oprimidos,
a teu sangue estremecido dentro do eclipse escuro,
a tua violência rubra surda-muda na penumbra,
a teu grande rei prisioneiro com um traje de porteiro!

    Tinha a noite uma fenda e quietas salamandras
                              [de marfim.
As moças americanas levavam meninos e moedas
                              [no ventre,
e os rapazes desmaiavam na cruz do espreguiçamento.

    Eles são.
Eles são os que bebem o *whisky* de prata perto
                              [dos vulcões
e tragam pedacinhos de coração, pelas geladas
                              [montanhas do urso.

  Aquela noite o rei de Harlem
com uma duríssima colher
arrancava os olhos dos crocodilos
e batia no traseiro dos macacos.
Com uma colher.
Os negros choravam confundidos
entre guarda-chuvas e sóis de ouro,
os mulatos esticavam gomas, ansiosos por chegar
                              [ao torso branco,

e o vento empapava espelhos
e quebrava as veias dos bailarinos.

   Negros, Negros, Negros, Negros.

   O sangue não tem portas em vossa noite boca acima.
Não há rubor. Sangue furioso por baixo das peles,
vivo na espinha do punhal e no peito das paisagens,
sob as pinças e retamas da celeste lua de câncer.

   Sangue que busca por mil caminhos mortes
                   [esfarinhadas e cinza de nardo,
céus hirtos em declive, onde as colônias de planetas
rodam pelas praias com os objetos abandonados.

   Sangue que olha lento com o rabo do olho,
feito de espartos espremidos, néctares de subterrâneos.
Sangue que oxida o alísio descuidado em um rastro
e dissolve as mariposas nos vidros da janela.

   É o sangue que vem, que virá
pelos telhados e açoteias, por todas as partes,
para queimar a clorofila das mulheres loiras,
para gemer ao pé das camas ante a insônia dos lavabos
e esfacelar-se numa aurora de tabaco e baixo amarelo.

   É preciso fugir,
fugir pelas esquinas e encerrar-se nos últimos andares,
porque o tutano do bosque penetrará pelas frinchas
para deixar em vossa carne um leve rastro de eclipse
e uma falsa tristeza de luva desbotada e rosa química.

*

   É pelo silêncio sapientíssimo
quando os camareiros e os cozinheiros e os que
                           [limpam com a língua
as feridas dos milionários
buscam o rei pelas ruas ou nos ângulos do salitre.

Um vento sul de madeira, oblíquo no negro lodo,
cospe nas barcas partidas e crava pontilhas nos ombros;
um vento sul que leva
colmilhos, girassóis e alfabetos
e uma pilha de Volta com vespas afogadas.

O olvido estava expresso por três gotas de tinta
                            [sobre o monóculo,
o amor por um só rosto invisível à flor da pedra.
Medulas e corolas compunham sobre as nuvens
um deserto de talos sem uma única rosa.

*

À esquerda, à direita, pelo Sul e pelo Norte,
levanta-se o muro impassível
para o topo, a agulha da água.
Não busqueis, negros, sua greta
para achar a máscara infinita.
Buscai o grande sol do centro
como se fôsseis uma pinha zumbidora.
O sol que se desliza pelos bosques
certo de não encontrar uma ninfa,
o sol que destrói números e não cruzou nunca
                            [com um sonho,
o tatuado sol que baixa pelo rio
e muge seguido de caimães.

Negros, Negros, Negros, Negros.

Jamais serpente, nem zebra, nem mula
empalideceram ao morrer.
O lenhador não sabe quando expiram
as clamorosas árvores que corta.
Aguardai sob a sombra vegetal de vosso rei
que cicutas e cardos e urtigas turbem postremas açoteias.

Então, negros, então, então,
podereis beijar com frenesi as rodas das bicicletas,

pôr pares de microscópios nas tocas dos esquilos
e dançar, finalmente, sem dúvida, enquanto
                    [as flores eriçadas
assassinam nosso Moisés quase nos juncos do céu.

    Ai, Harlem disfarçada!
Ai, Harlem, ameaçada por gente de trajes sem cabeça!
Chega-me teu rumor,
chega-me teu rumor
atravessando troncos e ascensores,
através de lágrimas cinzentas,
onde flutuam teus automóveis cobertos de dentes,
através dos cavalos mortos e dos crimes diminutos,
através de teu grande rei desesperado,
cujas barbas chegam ao mar.

IGREJA ABANDONADA
(BALADA DA GRANDE GUERRA)

Eu tinha um filho que se chamava João.
Eu tinha um filho.
Perdeu-se pelos arcos numa sexta-feira de todos os mortos.
Vi-o brincar nas últimas escadas da missa
e lançava um cubinho de lata no coração do sacerdote.
Bati nos ataúdes. Meu filho! Meu filho! Meu filho!
Tirei uma pata de galinha por trás da lua e logo
compreendi que minha menina era um peixe
por onde se afastam as carretas.
Eu tinha uma menina.
Eu tinha um peixe morto sob as cinzas dos incensários.
Eu tinha um mar. De quê? Meu Deus! Um mar!
Subi a tocar os sinos, mas as frutas tinham vermes
e os círios apagados
comiam os trigos da primavera.

Eu vi a transparente cegonha de álcool
mondar as negras cabeças dos soldados agonizantes
e vi as cabanas de borracha
onde giravam as copas cheias de lágrimas.
Nas anêmonas do ofertório te encontrarei, coração meu!,
quando o sacerdote levantar a mula e o boi com seus
                              [fortes braços
para espantar os sapos noturnos que rondam as geladas
                              [paisagens do cálice.

Eu tinha um filho que era um gigante,
porém os mortos são mais fortes e sabem devorar
                              [pedaços de céu.
Se meu menino tivesse sido um urso,
eu não temeria o sigilo dos caimães,
nem teria visto o mar amarrado às árvores
para ser fornicado e ferido pelo tropel dos regimentos.
Se meu menino tivesse sido um urso!
Envolver-me-ei nesta lona dura para não sentir o frio
                              [dos musgos.
Sei muito bem que me darão uma manga ou a gravata;
mas no centro da missa eu quebrarei o leme e então
virá à pedra a loucura dos pinguins e gaivotas
que farão dizer aos que dormem e aos que cantam
                              [pelas esquinas:
ele tinha um filho.
Um filho! Um filho! Um filho
que não era mais que seu, porque era seu filho!
Seu filho! Seu filho! Seu filho!

RUAS E SONHOS

A Rafael R. Rapún

Un pájaro de papel en el pecho
dice que el tiempo de los besos no ha llegado.
Vicente Aleixandre

DANÇA DA MORTE

O mascarão. Olhai o mascarão!
Como vem de África a Nova York!

    Foram-se as árvores de pimenta,
os pequenos botões de fósforo.
Foram-se os camelos de carne desgarrada
e os vales de luz que o cisne levantava com o bico.

    Era o momento das coisas secas,
da espiga no olho e o gato laminado,
do óxido de ferro das grandes pontes
e o definitivo silêncio do corcho.

    Era a grande reunião dos animais mortos,
traspassados pelas espadas de luz;
a alegria eterna do hipopótamo com as patas
                              [unguladas de cinza
e da gazela com a sempre-viva na garganta.

    Na murcha solidão sem fundo
o abolado mascarão dançava.
Meio lado do mundo era de areia
mercúrio e sol dormido o outro meio.

O mascarão. Olhai o mascarão!
Areia, caimão e medo sobre Nova York!
*

Desfiladeiros de cal aprisionavam um céu vazio
onde soavam as vozes dos que morrem sob o guano.
Um céu mondado e puro, idêntico a si mesmo,
com o buço e lírio aguado de suas montanhas invisíveis,

acabou com os mais leves talinhos do canto
e foi-se para o dilúvio empacotado da seiva,
através do descanso dos últimos desfiles,
levantando com o rabo pedaços de espelho.

Quando o chinês chorava no telhado
sem encontrar a nudez de sua mulher
e o diretor do banco observando o manômetro
que mede o cruel silêncio da moeda,
o mascarão chegava a Wall Street.

Não é estranho para a dança
este columbário que torna os olhos amarelos.
Da esfinge à caixa de caudais há um fio tenso
que atravessa o coração de todos os meninos pobres.
O ímpeto primitivo baila com o ímpeto mecânico,
ignorantes em seu frenesi da luz original.
Porque se a roda esquece sua fórmula,
já pode cantar desnuda com as manadas de cavalos:
e se uma chama queima os gelados projetos,
o céu terá que fugir ante o tumulto das janelas.

Não é estranho este lugar para a dança, eu o digo.
O mascarão bailará entre colunas de sangue e de números,
entre furacões de ouro e gemidos de operários parados
que uivarão, noite escura, por teu tempo sem luzes,
oh, selvagem Norte-América!, oh, impudica!, oh, selvagem,
estendida na fronteira da neve!

O mascarão. Olhai o mascarão!
Que onda de lama e vaga-lume sobre Nova York!
*

Eu estava no terraço lutando com a lua.
Enxames de janelas esburacavam um músculo da noite.
Em meus olhos bebiam as doces vacas dos céus.
E as brisas de longos remos
golpeavam os cinzentos cristais da Broadway.

A gota de sangue buscava a luz da gema do astro
para fingir uma morta semente de maçã.
O ar da planície, empurrado pelos pastores,
tremia com um medo de molusco sem concha.

Mas não são os mortos os que bailam,
estou certo.
Os mortos estão embebidos, devorando suas próprias mãos.
São os outros os que bailam com o mascarão e sua guitarra;
são os outros, os bêbados de prata, os homens frios,
os que crescem no cruzamento das coxas e chamas duras,
os que buscam a lombriga na paisagem das escadas,
os que bebem no banco de lágrimas de menina morta
ou os que comem pelas esquinas diminutas pirâmides
                              [da aurora.

Que não baile o Papa!
Não, que não baile o Papa!
Nem o Rei,
nem o milionário de dentes azuis,
nem as bailarinas secas das catedrais,
nem construtores, nem esmeraldas, nem loucos,
                              [nem sodomitas.

Só este mascarão,
este mascarão de velha escarlatina,
só este mascarão!

Que já as cobras silvarão pelos últimos andares,
que já as urtigas estremecerão pátios e terraços,
que já a Bolsa será uma pirâmide de musgo,
que já virão lianas depois dos fuzis
e muito em breve, muito em breve, muito em breve.
Ai! Wall Street.

O mascarão. Olhai o mascarão!
Como cospe veneno de bosque
pela angústia imperfeita de Nova York!

Dezembro, 1929

PAISAGEM DA MULTIDÃO QUE VOMITA
(ANOITECER DE CONEY ISLAND)

A mulher gorda vinha adiante
arrancando as raízes e molhando o pergaminho
[dos tambores;
a mulher gorda
que vira do avesso os polvos agonizantes.
A mulher gorda, inimiga da lua,
corria pelas ruas e pelos andares desabitados
e deixava pelos cantos pequenas caveiras de pomba
e levantava as fúrias dos banquetes dos séculos derradeiros
e chamava o demônio do pão pelas colinas do céu varrido
e filtrava uma ânsia de luz nas circulações subterrâneas.
São os cemitérios, eu o sei, são os cemitérios
e a dor das cozinhas enterradas sob a areia,
são os mortos, os faisões e as maçãs de outra hora
os que nos apertam a garganta.

Chegavam os rumores de selva do vômito
com as mulheres vazias, com meninos de cera quente,
com árvores fermentadas e camareiros incansáveis

que servem pratos de sal sob as harpas da saliva.
Sem remédio, meu filho, vomita! Não há remédio.
Não é o vômito dos hussardos sobre os peitos da prostituta,
nem o vômito do gato que engoliu uma rã por descuido.
São os mortos que arranham com suas mãos de terra
as portas de pedernal onde apodrecem desgraças
                                      [e sobremesas.

    A mulher gorda vinha adiante
com as gentes dos barcos, das tabernas e dos jardins.
O vômito agitava delicadamente seus tambores
entre algumas meninas de sangue
que pediam proteção à lua.
Ai de mim! Ai de mim! Ai de mim!
Esta olhada minha foi minha, mas já não é minha,
esta olhada que treme nua por causa do álcool
e lança barcos incríveis
pelas anêmonas dos cais.
Defendo-me com esta olhada
que mana das ondas por onde a aurora não se atreve,
eu, poeta sem braços, perdido
entre a multidão que vomita,
sem cavalo efusivo que corte
os espessos musgos de minhas fontes.

    Mas a mulher gorda seguia adiante
e o povo procurava as farmácias
onde o amargo trópico se fixa.
Só quando içaram a bandeira e chegaram os primeiros cães
a cidade inteira se ajuntou nas varandinhas
                                      [do embarcadouro.

Nova York, 29 de dezembro de 1929

PAISAGEM DA MULTIDÃO QUE URINA
(NOTURNO DE BATTERY PLACE)

Ficaram sozinhos:
aguardavam a velocidade das últimas bicicletas.
Ficaram sozinhos:
esperavam a morte de um menino no veleiro japonês.
Ficaram sozinhos e sozinhas,
sonhando com os bicos abertos dos pássaros agonizantes,
com o agudo guarda-sol que fura
o sapo recém-esmagado,
sob um silêncio com mil orelhas
e diminutas bocas de água
nos desfiladeiros que resistem
ao ataque violento da lua.
Chorava o menino do veleiro e se partiam os corações
angustiados pelo testemunho e vigília de todas as coisas
e porque ainda no solo celeste de negras pegadas
gritavam nomes escuros, salivas e rádios de níquel.
Não importa que o menino se cale quando lhe cravam
                              [o último alfinete,
nem importa a derrota da brisa na corola do algodão,
porque há um mundo da morte com marinheiros
                              [definitivos
que assomarão nos arcos e os gelarão por trás das árvores.
É inútil buscar o ângulo
onde a noite esquece sua viagem
e espreitar um silêncio que não tenha
trajes rotos e cascas e pranto,
porque tão somente o diminuto banquete da aranha
basta para romper o equilíbrio de todo o céu.
Não há remédio para o gemido do veleiro japonês,
nem para estas gentes ocultas que tropeçam com as esquinas.
O campo morde sua cauda para unir as raízes em um ponto
e o novelo busca pela grama sua ânsia de longitude
                              [insatisfeita.

A lua! Os policiais! As sirenas dos transatlânticos!
Fachada de crina, de fumaça; anêmonas, luvas de borracha.
Tudo está roto pela noite,
aberta de pernas sobre os terraços.
Tudo está roto pelos tíbios canos
de uma terrível fonte silenciosa.
Oh, gentes! Oh, mulherzinhas! Oh, soldados!
Será preciso viajar pelos olhos dos idiotas,
campos livres onde silvam mansas cobras deslumbradas,
paisagens cheias de sepulcros que produzem
                            [fresquíssimas maçãs,
para que venha a luz desmedida
que temem os ricos por trás de suas lupas,
o odor de um só corpo com a dupla vertente de lírio e rata
e para que se queimem estas gentes que podem urinar
                            [em redor de um gemido
ou nos cristais onde se compreendem as ondas
                            [nunca repetidas.

ASSASSINATO
(DUAS VOZES DE MADRUGADA EM RIVERSIDE DRIVE)

Como *foi?*
– Uma greta na face.
Isso é tudo!
Uma unha que aperta o talo.
Um alfinete que busca
até encontrar as raizinhas do grito.
E o mar deixa de mover-se.
– *Como, como foi?*
– Assim.
– *Deixa-me! Dessa maneira?*
– Sim.
O coração saiu sozinho.
– *Ai, ai de mim!*

NATAL NO HUDSON

Essa esponja cinzenta!
Esse marinheiro recém-degolado.
Esse rio grande.
Essa brisa de limites escuros.
Esse fio, amor, esse fio.
Estavam os quatro marinheiros lutando com o mundo,
com o mundo de arestas que todos os olhos veem,
com o mundo que não se pode percorrer sem cavalos.
Estavam um, cem, mil marinheiros,
lutando com o mundo das agudas velocidades,
sem inteirar-se de que o mundo
estava só pelo céu.

O mundo sozinho pelo céu sozinho.
São as colinas de martelos e o triunfo da erva espessa.
São os vivíssimos formigueiros e as moedas no lodo.
O mundo sozinho pelo céu sozinho
e o ar à saída de todas as aldeias.

Cantava a lombriga o terror da roda,
e o marinheiro degolado
cantava o urso de água que o havia de estreitar;
e todos cantavam aleluia,
aleluia. Céu deserto,
É o mesmo, o mesmo!, aleluia.

Passei a noite toda nos andaimes dos arrabaldes
deixando o meu sangue pelo estuque dos projetos,
ajudando os marinheiros a recolher as velas desgarradas.
E estou com as mãos vazias no rumor da desembocadura.
Não importa que cada minuto
um menino novo agite seus raminhos de veias,
nem que o parto da víbora, desfeito sob as ramas,
acalme a sede de sangue dos que olham o nu.

O que importa é isto: vazio. Mundo só. Desembocadura.
Aurora não. Fábula inerte.
Só isto: Desembocadura.
Oh! esponja minha cinzenta!
Oh! pescoço meu recém-degolado!
Oh! rio grande meu!
Oh! brisa minha de limites que não são meus!
Oh! fio de meu amor, oh!, fio feridor!

Nova York, 27 de dezembro de 1929

CIDADE SEM SONHO
(NOTURNO DE BROOKLYN BRIDGE)

Ninguém dorme pelo céu. Ninguém, ninguém.
Não dorme ninguém.
As criaturas da lua ressumam e rondam suas cabanas.
Virão as iguanas vivas morder os homens que não sonham
e o que foge com o coração partido encontrará pelas esquinas
o incrível crocodilo quieto sob o terno protesto dos astros.

    Não dorme ninguém pelo mundo. Ninguém, ninguém.
Não dorme ninguém.
Há um morto no cemitério mais distante
que se queixa há três anos
porque tem uma paisagem seca no joelho;
e o menino que enterraram esta manhã chorava tanto
que houve necessidade de chamar os cachorros para
                                    [que se calasse.

    Não é sonho a vida. Alerta! Alerta! Alerta!
Caímos das escadas para comer a terra úmida
ou subimos pelo fio da neve com o coro das dálias mortas.
Mas não há esquecimento, nem sonho:
carne viva. Os beijos atam as bocas
numa maranha de veias recentes

e a quem dói a sua dor, doer-lhe-á sem descanso
e a quem teme a morte há de carregá-la nos ombros.

    Um dia
os cavalos viverão nas tabernas
e as formigas furiosas
atacarão os céus amarelos que se refugiam nos olhos
                                  [das vacas.

    Outro dia
veremos a ressurreição das mariposas dissecadas
e ainda que andando por uma paisagem de esponjas grises
                              [e barcos mudos
veremos brilhar nosso anel e manar rosas de nossa língua.
Alerta! Alerta! Alerta!
Aos que guardam ainda vestígio de garra e aguaceiro,
àquele rapaz que chora porque não sabe a invenção da ponte
ou àquele morto que já não tem mais do que a cabeça
                                 [e um sapato,
é preciso levá-los ao muro onde iguanas e serpentes esperam,
onde espera a dentadura do urso,
onde espera a mão mumificada do menino
e a pele do camelo se eriça com um violento calafrio azul.

    Não dorme ninguém pelo céu. Ninguém, ninguém.
Não dorme ninguém.
Mas se alguém fecha os olhos,
açoitai-o, filhos meus, açoitai-o!
Haja um panorama de olhos abertos
e amargas chagas acesas.
Não dorme ninguém pelo mundo. Ninguém, ninguém.
Já o disse.
Não dorme ninguém.

    Mas se alguém tem à noite excesso de musgo nas fontes,
abri os escotilhões para que veja sob a lua
as copas falsas, o veneno e a caveira dos teatros.

PANORAMA CEGO DE NOVA YORK

Se não são os pássaros
cobertos de cinza,
se não são os gemidos que golpeiam as janelas da boda,
serão as delicadas criaturas do ar
que manam o sangue novo pela escuridão inextinguível.
Mas não, não são os pássaros,
porque os pássaros estão prestes a ser bois;
podem ser rochas brancas com a ajuda da lua
e são sempre rapazes feridos
antes que os juízes revelem a teia.

    Todos compreendem a dor que se relaciona
                              [com a morte,
mas a verdadeira dor não está presente no espírito.
Não está no ar nem em nossa vida,
nem nestes terraços cheios de fumaça.
A verdadeira dor que mantém despertas as coisas
é uma pequena queimadura infinita
nos olhos inocentes dos outros sistemas.

    Um traje abandonado pesa tanto nos ombros
que muitas vezes o céu os agrupa em ásperas manadas.
E as que morrem de parto sabem na última hora
que todo rumor será pedra e toda pegada latido.
Nós ignoramos que o pensamento tem arrabaldes
onde o filósofo é devorado pelos chineses e larvas.
E alguns meninos idiotas encontraram pelas cozinhas
pequenas andorinhas com muletas
que sabiam pronunciar a palavra amor.

    Não, não são os pássaros.
Não é um pássaro o que expressa a turva febre da laguna,
nem a ânsia de assassínio que nos oprime a cada momento,

nem o metálico rumor de suicídio que nos anima
                                      [a cada madrugada.
É uma cápsula de ar onde nos dói o mundo todo,
é um pequeno espaço vivo ao louco uníssono da luz,
é uma escada indefinível onde as nuvens e rosas olvidam
à gritaria chinesa que ferve no desembarcadouro
                                      [do sangue.
Eu muitas vezes me perdi
para buscar a queimadura que mantém despertas as coisas
e só encontrei marinheiros atirados sobre as varandilhas
e pequenas criaturas do céu enterradas sob a neve.
Mas a verdadeira dor estava em outras praças
onde os peixes cristalizados agonizavam dentro dos troncos;
praças do céu estranho para as antigas estátuas ilesas
e para a terna intimidade dos vulcões.

    Não há dor na voz. Só existem os dentes,
mas dentes que calarão isolados pelo raso negro.
Não há dor na voz. Aqui só existe a Terra.
A terra com suas portas de sempre
que levam ao rubor dos frutos.

NASCIMENTO DE CRISTO

Um pastor pede teta pela neve que ondula
brancos cães estendidos entre lanternas surdas.
O Cristo de barro partiu os dedos
nos fios eternos da madeira rota.

    Já vêm as formigas e os pés regelados!
Dois filetes de sangue quebram o céu duro.
Os ventos do demônio ressoam pelos vales
golpes e ressonâncias de carne de molusco.

Lobos e sapos cantam nas fogueiras verdes
coroadas por vivos formigueiros de aurora.
A lua tem um sonho de grandes leques
e o touro sonha um touro de buracos e de água.

O menino chora e olha com um três na frente.
São José vê no feno três espinhas de bronze.
Os cueiros exalam um rumor de deserto
com cítaras sem cordas e degoladas vozes.

A neve de Manhattan empurra os anúncios
e leva graça pura pelas falsas ogivas.
Sacerdotes idiotas e querubins de pena
vão atrás de Lutero pelas altas esquinas.

A AURORA

A aurora de Nova York tem
quatro colunas de lodo
e um furacão de negras pombas
que chapinham as águas podres.

A aurora de Nova York geme
pelas imensas escadas,
buscando entre as arestas
nardos de angústia desenhada.

A aurora chega e ninguém a recebe na boca
porque ali não há manhã nem esperança possível.
Às vezes as moedas em enxames furiosos
tradeiam e devoram meninos abandonados.

Os primeiros que saem compreendem
                             [com seus ossos
que não haverá paraíso nem amores desfolhados;

sabem que vão ao lodaçal de números e leis,
aos brinquedos sem arte, a suores sem fruto.

A luz é sepultada por correntes e ruídos
em impudico reto de ciência sem raízes.
Pelos bairros há gentes que vacilam insones
como recém-saídas de um naufrágio de sangue.

POEMAS DO LAGO EDEM MILLS

A Eduardo Ugarte

POEMA DUPLO DO LAGO EDEM

Nuestro ganado pace, el viento espira.
Garcilaso

Era minha voz antiga
ignorante dos densos sucos amargos.
Adivinho-a lambendo meus pés
sob os frágeis fetos molhados.

Ai! voz antiga de meu amor,
ai, voz de minha verdade,
ai, voz de meu aberto costado,
quando todas as rosas manavam de minha língua
e a relva não conhecia a impassível dentadura do cavalo.

Estás aqui bebendo o meu sangue,
bebendo o meu humor de menino pesado,
enquanto meus olhos se quebram no vento
com o alumínio e as vozes dos ébrios.

Deixa-me passar pela porta
onde Eva come formigas

e Adão fecunda peixes deslumbrados.
Deixa-me passar homenzinhos dos cornos
ao bosque dos espreguiçamentos
e dos alegríssimos saltos.

Eu sei o uso mais secreto
que tem um velho alfinete oxidado
e sei do horror de uns olhos despertos
sobre a superfície concreta do prato.

Mas não quero mundo nem sonho, voz divina,
quero a minha liberdade, o meu amor humano
no canto mais escuro da brisa que ninguém queira.
O meu amor humano!

Esses cães marinhos se perseguem
e o vento espreita troncos descuidados.
Oh! voz antiga, queima com tua língua
esta voz de lata e de talco!

Quero chorar porque me dá vontade
como choram os meninos do último banco,
porque eu não sou um homem, nem um poeta,
                    [nem uma folha,
mas sim um pulso ferido que sonda as coisas
                    [do outro lado.

Quero chorar dizendo meu nome,
rosa, menino e abeto à margem deste lago,
para dizer a minha verdade de homem de sangue
matando em mim a burla e a sugestão do vocábulo.

Não, não, eu não pergunto, eu desejo,
voz minha libertada que me lambes as mãos.
No labirinto de biombos é minha nudez que recebe
a lua de castigo e o relógio cinzento.

Assim falava eu.
Assim falava eu quando Saturno deteve os trens
e a bruma e o Sonho e a Morte estavam me buscando.
Estavam me buscando
ali onde mugem as vacas que têm patinhas de pajem
e ali onde flutua meu corpo entre os equilíbrios
                              [contrários.

CÉU VIVO

Eu não poderei queixar-me
se não encontrei o que buscava.
Perto das pedras sem suco e insetos vazios
não verei o duelo do sol com as criaturas em carne viva.

  Porém ir-me-ei para a primeira paisagem
de choques, líquidos e rumores
que tresanda a menino recém-nascido
e onde toda a superfície é evitada,
para entender que o que busco terá seu branco
                              [de alegria
quando eu voar mesclado com o amor e as areias.

  Ali não chega a geada dos olhos apagados
nem o mugido de árvore assassinada pela larva.
Ali todas as formas guardam entrelaçadas
uma só expressão frenética de avanço.

  Não podes avançar pelos enxames de corolas
porque o ar dissolve teus dentes de açúcar,
nem podes acariciar a fugaz folha do feto
nem sentir o assombro definitivo do marfim.

  Ali sob as raízes e na medula do ar,
compreende-se a verdade das coisas equivocadas,

o nadador de níquel que espreita a onda mais fina
e o rebanho de vacas noturnas com vermelhas
                              [patinhas de mulher.

   Eu não poderei queixar-me
se não encontrei o que buscava;
porém ir-me-ei para a primeira paisagem de umidades
                              [e latidos
para entender que o que busco terá seu branco de alegria
quando eu voar mesclado com o amor e as areias.

   Voo fresco de sempre sobre leitos vazios,
sobre grupos de brisas e barcos encalhados.
Tropeço vacilante na dura eternidade fixa
e amor por fim sem aurora. Amor. Amor visível!

                     Edem Mills. Vermont, 24 de agosto de 1929

VOLTA À CIDADE

                     Para Antonio Hernández Soriano

NOVA YORK
Oficina e Denúncia

                          A Fernando Vela

Debaixo das multiplicações
há uma gota de sangue de pato;
debaixo das divisões
há uma gota de sangue de marinheiro;
debaixo das somas, um rio de sangue terno.
Um rio que vem cantando
pelos dormitórios dos arrabaldes,

e é prata, cimento ou brisa
na aurora mentida de Nova York.
Existem as montanhas. Eu o sei.
E os antolhos para a sabedoria.
Eu o sei. Mas eu não vim para ver o céu.
Eu vim para ver o turvo sangue.
O sangue que leva as máquinas às cataratas
e o espírito à língua de cobra.
Todos os dias se matam em Nova York
quatro milhões de patos,
cinco milhões de porcos,
duas mil pombas para os agonizantes,
um milhão de vacas,
um milhão de cordeiros
e dois milhões de galos,
que deixam os céus em pedaços.
Mais vale soluçar afiando a navalha
ou assassinar os cães
nas alucinantes caçadas,
que resistir na madrugada
aos intermináveis trens de leite,
aos intermináveis trens de sangue
e aos trens de rosas manietadas
pelos comerciantes de perfumes.
Os patos e as pombas
e os porcos e os cordeiros
põem suas gotas de sangue
debaixo das multiplicações,
e os terríveis alaridos das vacas espremidas
enchem de dor o vale
onde o Hudson se embriaga com azeite.
Eu denuncio a toda a gente
que ignora a outra metade,
a metade irredimível
que levanta seus montes de cimento
onde palpitam os corações

dos animaizinhos que se olvidam
e onde cairemos todos
na última festa dos trados.
Cuspo-vos na cara.
A outra metade me escuta
devorando, urinando, voando em sua pureza,
como os meninos das portarias
que levam frágeis palitos
aos ocos onde se oxidam
as antenas dos insetos.
Não é o inferno, é a rua.
Não é a morte, é a frutaria.
Há um mundo de rios quebrados
e distâncias inatingíveis
na patinha desse gato
quebrada pelo automóvel,
e eu ouço o canto da lombriga
no coração de muitas meninas.
Óxido, fermento, terra estremecida.
Terra tu mesma que nadas
pelos números do escritório.
Que vou fazer? Ordenar as paisagens?
Ordenar as árvores que logo são fotografias,
que logo são pedaços de madeira
e goles de sangue?
Santo Inácio de Loiola
assassinou um pequeno coelho
e ainda seus lábios gemem
pelas torres das igrejas.
Não, não, não, não; eu denuncio.
Eu denuncio a conjura
destes desertos escritórios
que não irradiam as agonias,
que apagam os programas da selva,
e ofereço-me para ser comido
pelas vacas espremidas

quando seus gritos enchem o vale
onde o Hudson se embriaga com azeite.

CEMITÉRIO JUDEU

As alegres febres fugiram para as maromas dos barcos
e o judeu empurrou a grade com o pudor gelado do interior
da alface.

    Os meninos de Cristo dormiam.
e a água era uma pomba,
e a madeira era uma garça,
e o chumbo era um colibri,
e ainda as vivas prisões de fogo
estavam consoladas pelo salto do gafanhoto.

    Os meninos de Cristo vogavam e os judeus enchiam
                                                [os muros
com um só coração de pomba
pelo qual todos queriam escapar.
As meninas de Cristo cantavam e as judias olhavam a morte
com um só olho de faisão,
vidrado pela angústia de um milhão de paisagens.

    Os médicos põem no níquel suas tesouras e luvas ´
                                              [de borracha
quando os cadáveres sentem nos pés
a terrível claridade de outra lua enterrada.
Pequenas dores ilesas se aproximam dos hospitais
e os mortos vão tirando uma roupa de sangue cada dia.

    As arquiteturas de geada,
as liras e gemidos que escapam das folhas diminutas
no outono, molhando as derradeiras vertentes,
se apagavam no negro dos chapéus de copa.

A erva celeste e só da que foge com medo o rocio
e as brancas entradas de mármore que conduzem
              [ao ar duro
mostravam seu silêncio quebrado pelas pegadas
                    [adormecidas dos sapatos.

    O judeu empurrou a grade;
mas o judeu não era um porto,
e as barcas de neve se agruparam
pelas escadinhas de seu coração:
as barcas de neve que espreitam
um homem de água que as afogue,
as barcas dos cemitérios
que às vezes deixam cegos os visitantes.

    Os meninos de Cristo dormiam
e o judeu ocupou sua lixeira.
Três mil judeus choravam no espanto das galerias
porque reuniam entre todos com esforço meia pomba,
porque um tinha a roda de um relógio
e outro um botim com larvas falantes
e outro uma chuva noturna carregada de correntes
e outro a unha de um rouxinol que estava vivo;
e porque a meia pomba gemia
derramando um sangue que não era o seu.

    As alegres febres bailavam pelas cúpulas umedecidas
e uma lua copiava no seu mármore
nomes velhos e fitas estragadas.
Chegou a gente que come por detrás das hirtas colunas
e os asnos de brancos dentes
com os especialistas das articulações.
Verdes girassóis tremiam
pelos páramos do crepúsculo
e todo o cemitério era uma queixa
de bocas de cartão e trapo seco.

Os meninos de Cristo dormiam já
quando o judeu, apertando os olhos,
cortou as mãos em silêncio
ao escutar os primeiros gemidos.

> Nova York, 18 de janeiro de 1930

DUAS ODES

> AO MEU EDITOR ARMANDO GUIBERT

GRITO PARA ROMA
(DA TORRE DO CRYSLER BUILDING)

Maçãs levemente feridas
por finos espadins de prata,
nuvens rasgadas por uma mão de coral
que leva no dorso uma amêndoa de fogo,
peixes de arsênico como tubarões,
tubarões como gotas de pranto para cegar uma multidão,
rosas que ferem
e agulhas instaladas nos canos do sangue,
mundos inimigos e amores cobertos de vermes
cairão sobre ti. Cairão sobre a grande cúpula
que untam de azeite as línguas militares
onde um homem urina numa deslumbrante pomba
e cospe carvão esmagado
rodeado de milhares de campainhas.

Porque já não há quem reparta o pão nem o vinho,
nem quem cultive ervas na boca do morto,
nem quem abra as linhas do repouso,
nem quem chore pelas feridas dos elefantes.
Não há mais que um milhão de ferreiros

forjando cadeias para os meninos que hão de vir.
Não há mais que um milhão de carpinteiros
que fazem ataúdes sem cruz.
Não há mais que uma turba de lamentos
que abre as roupas à espera da bala.
O homem que despreza a pomba devia falar,
devia gritar despido entre as colunas,
e tomar uma injeção para adquirir a lepra
e chorar um pranto tão terrível
que dissolvesse seus anéis e seus telefones de diamante.
Mas o homem vestido de branco
ignora o mistério da espiga,
ignora o gemido da parturiente,
ignora que Cristo ainda pode dar água,
ignora que a moeda queima o beijo de prodígio
e dá o sangue do cordeiro ao bico idiota do faisão.

    Os mestres mostram aos meninos
uma luz maravilhosa que vem do monte;
mas o que chega é uma reunião de cloacas
onde gritam as escuras ninfas da cólera.
Os mestres apontam com devoção as enormes
                        [cúpulas defumadas;
mas debaixo das estátuas não há amor,
não há amor sob os olhos de cristal definitivo.
O amor está nas carnes dilaceradas pela sede,
na choça diminuta que luta contra a inundação;
o amor está nos fossos onde lutam as serpentes da fome,
no triste mar que embala os cadáveres das gaivotas
e no escuríssimo beijo pungente embaixo das almofadas.
Mas o velho das mãos translúcidas
dirá: Amor, amor, amor,
aclamado por milhões de moribundos;
dirá: amor, amor, amor,
entre o tecido de seda estremecido de ternura;
dirá: paz, paz, paz,

entre o ruído de facas e de dinamite;
dirá: amor, amor, amor,
até que se tornem de prata os seus lábios.

    Entretanto, entretanto, ai!, entretanto,
os negros que tiram as escarradeiras,
os rapazes que tremem sob o terror pálido dos diretores,
as mulheres afogadas em óleos minerais,
a multidão de martelo, de violino ou de nuvem,
há de gritar ainda que lhe rebentem os miolos contra
                                  [o muro,
há de gritar ante as cúpulas,
há de gritar louca de fogo,
há de gritar louca de neve,
há de gritar com a cabeça cheia de excremento,
há de gritar como todas as noites juntas,
há de gritar com voz tão despedaçada
até que as cidades tremam como meninas
e rompam as prisões do azeite e de música,
porque queremos o pão nosso de cada dia,
flor de amieiro e perene ternura debulhada,
porque queremos que se cumpra a vontade da Terra
que dá seus frutos para todos.

ODE A WALT WHITMAN

Pelo East River e pelo Bronx,
os rapazes cantavam mostrando as cinturas,
com a roda, o azeite, o coro e o martelo.
Noventa mil mineiros tiravam a prata das rochas
e os meninos desenhavam escadas e perspectivas.

    Mas nenhum dormia,
nenhum queria ser o rio,
nenhum amava as folhas grandes,
nenhum a língua azul da praia.

Pelo East River e pelo Queensborough
os rapazes lutavam contra a indústria,
e os judeus vendiam ao fauno do rio
a rosa da circuncisão
e o céu desembocava nas pontes e telhados
manadas de bisontes empurradas pelo vento.

Mas ninguém se detinha,
ninguém queria ser nuvem,
ninguém buscava os fetos
nem a roda amarela do tamboril.

Quando a lua sair
as polés rodarão para tombar o céu;
um limite de agulhas cercará a memória
e os ataúdes levarão os que não trabalham.

Nova York de lama,
Nova York de arame e de morte.
Que anjo levas oculto na face?
Que voz perfeita dirá as verdades do trigo?
Quem o sonho terrível de tuas anedotas manchadas?

Nem um só momento, velho formoso Walt Whitman,
deixei de ver tua barba cheia de mariposas,
nem teus ombros de veludo gastos pela lua,
nem tuas coxas de Apolo virginal,
nem tua voz como uma coluna de cinza;
ancião formoso como a névoa
que gemias como um pássaro
com o sexo atravessado por uma agulha,
inimigo do sátiro,
inimigo da vide
e amante dos corpos sob o grosseiro pano.
Nem um só momento, formosura viril
que em montes de carvão, anúncios e ferrovias,

sonhavas ser um rio e dormir como um rio
com aquele camarada que poria em teu peito
uma pequena dor de ignorante leopardo.

    Nem um só momento, Adão de sangue, macho,
homem só no mar, velho formoso Walt Whitman,
porque pelas açoteias,
agrupados nos bares,
saindo em cachos dos esgotos,
tremendo entre as pernas dos chauffeurs
ou girando nas plataformas do absinto,
os maricas, Walt Whitman, te sonhavam.

Também esse! Também! E se despenham
em tua barba luminosa e casta,
louros do norte, negros da areia,
multidões de gritos e ademanes,
como gatos e como as serpentes,
os maricas, Walt Whitman, os maricas
turvos de lágrimas, carne para chicote,
bota ou mordedura dos domadores.

    Também esse! Também! Dedos tingidos
apontam para a borda de teu sonho
quando o amigo como tua maçã
com um leve sabor de gasolina
e o sol canta pelos umbigos
dos rapazes que brincam sob as pontes.

    Mas tu não buscavas os olhos arranhados,
nem o pântano escuríssimo onde submergem os meninos,
nem a saliva gelada,
nem as curvas feridas como pança de sapo
que levam os maricas em carros e terraços
enquanto a lua os açoita pelas esquinas do terror.

Tu buscavas um desnudo que fosse como um rio,
touro e sonho que junte a roda com a alga,
pai de tua agonia, camélia de tua morte,
e gemesse nas chamas de teu equador oculto.

Porque é justo que o homem não busque seu deleite
na selva de sangue da manhã próxima.
O céu tem praias onde evitar a vida
e há corpos que não devem repetir-se na aurora.

Agonia, agonia, sonho, fermento e sonho.
Este é o mundo, amigo, agonia, agonia.
Os mortos se decompõem sob o relógio das cidades,
a guerra passa chorando com um milhão de ratas grises,
os ricos dão a suas queridas
pequenos moribundos iluminados,
e a vida não é nobre, nem boa, nem sagrada.

Pode o homem, se quiser, conduzir seu desejo
por veia de coral ou celeste nudez.
Amanhã os amores serão rochas e o tempo
uma brisa que vem adormecida pelos ramos.

Por isso não levanto minha voz, velho Walt Whitman,
contra o menino que escreve
nome de menina em sua almofada,
nem contra o rapaz que se veste de noiva
na escuridão da rouparia,
nem contra os solitários dos cassinos
que bebem com asco a água da prostituição,
nem contra os homens de olhada verde
que amam o homem e queimam seus lábios em silêncio.
Mas sim contra vós outros, maricas das cidades,
de carne tumefacta e pensamento imundo,
mães de lodo, harpias, inimigos sem sonho
do Amor que reparte coroas de alegria.

Contra vós sempre, que dais aos rapazes
gotas de suja morte com amargo veneno.
Contra vós sempre,
Falries da América do Norte,
Pássaros de Havana,
Jotos do México,
Sarasas de Cádiz,
Apios de Sevilha,
Cancos de Madri,
Floras de Alicante,
Adelaides de Portugal.

    Maricas de todo o mundo, assassinos de pombas!
Escravos da mulher, cadelas de seus toucadores,
abertos nas praças com febre de leque
ou emboscados em hirtas paisagens de cicuta.

    Não haja quartel! A morte
mana de vossos olhos
e agrupa flores grises na margem do lodo.
Não haja quartel! Alerta!
Que os confundidos, os puros,
os clássicos, os marcados, os suplicantes
vos fechem as portas da bacanal.

    E tu, belo Walt Whitman, dorme às margens do Hudson
com a barba em direção do polo e as mãos abertas.
Argila branda ou neve, tua língua está chamando
camaradas que velem tua gazela sem corpo.
Dorme, não sobra nada.
Uma dança de muros agita as pradarias
e a América se afoga em máquinas e pranto.
Quero que o ar forte da noite mais funda
tire flores e letras do arco onde dormes
e um menino negro anuncie aos brancos do ouro
a chegada do reino da espiga.

O POETA CHEGA A HAVANA

A Dom Fernando Ortiz

SOM DE NEGROS EM CUBA

Quando chegar a lua cheia irei a Santiago de Cuba,
irei a Santiago
em um carro de água negra.
Irei a Santiago.
Cantarão os tetos de palmeira.
Irei a Santiago.
Quando a palma quiser ser cegonha,
irei a Santiago.
E quando quiser ser medusa o plátano,
irei a Santiago.
Irei a Santiago
com a loira cabeça de Fonseca.
Irei a Santiago.
E com a cor rosada de Romeu e Julieta
irei a Santiago.
Mar de papel e prata de moedas.
Irei a Santiago.
Oh, Cuba! Oh, ritmo de sementes secas!
Irei a Santiago.
Oh, cintura quente e gota de madeira!
Irei a Santiago.
Harpa de troncos vivos. Caimão. Flor de tabaco.
Irei a Santiago.
Sempre disse que iria a Santiago
em um carro de água negra.
Irei a Santiago.
Brisa e álcool nas rodas, irei a Santiago.
Irei a Santiago.
Meu coral na treva,
irei a Santiago.

O mar afogado na areia,
irei a Santiago.
Calor branco. Fruta morta.
Irei a Santiago.
Oh, bovino frescor de canaviais!
Oh, Cuba! Oh, curva de suspiro e barro!
Irei a Santiago.

PEQUENO POEMA INFINITO

Para Luis Cardoza y Aragón

Equivocar o caminho
é chegar à neve
e chegar à neve
é pascer durante vinte séculos as ervas dos cemitérios.

Equivocar o caminho
é chegar à mulher,
a mulher que não teme a luz,
a mulher que mata dois galos em um segundo,
a luz que não teme os galos
e os galos que não sabem cantar sobre a neve.

Mas se a neve se equivoca de coração
pode chegar o vento Austro
e como o ar não faz caso dos gemidos
teremos que pascer outra vez as ervas dos cemitérios.

Eu vi duas dolorosas espigas de cera
que enterravam uma paisagem de vulcões
e vi dois meninos loucos que empurravam chorando as
                   [pupilas de um assassino.

Mas o dois nunca foi um número
porque é uma angústia e uma sombra,

porque é a guitarra onde o amor se desespera,
porque é a demonstração de outro infinito que não é o seu
e é as muralhas do morto
e o castigo da nova ressurreição sem finais.
Os mortos odeiam o número dois,
mas o número dois adormece as mulheres
e como a mulher teme a luz
a luz treme diante dos galos
e os galos só sabem voar sobre a neve
teremos que pascer sem descanso as ervas dos cemitérios.

10 de janeiro de 1930. Nova York

[A LUA PÔDE DETER-SE POR FIM]

A lua pôde deter-se por fim na curva branquíssima
                             [dos cavalos.
Um raio de luz violeta que se escapava da ferida
projetou no céu o instante da circuncisão de um
                             [menino morto.

O sangue baixava pelo monte e os anjos o buscavam,
mas os cálices eram de vento e por fim enchia os sapatos.
Cachorros coxos fumavam seus cachimbos e um odor
                             [de couro quente
tornava grises os lábios redondos dos que vomitavam
                             [nas esquinas.
E chegavam longos alaridos pelo Sul da noite seca.
Era que a lua queimava com suas velas o falo dos cavalos.
Um alfaiate especialista em púrpura
havia encerrado três santas mulheres
e lhes mostrava uma caveira pelos vidros da janela.
As três no arrabalde rodeavam um camelo branco
que chorava porque a aurora
tinha que passar sem remédio pelo olho de uma agulha.

Oh, cruz! Oh, cravos! Oh, espinho!
Oh, espinho cravado no osso até que se oxidem
[os planetas!
Como ninguém virasse a cabeça, o céu pôde desnudar-se.
Então se ouviu a grande voz e os fariseus disseram:
Essa maldita vaca tem as tetas cheias de leite.
A multidão fechava as portas
e a chuva baixava pelas ruas decidida a molhar o coração
enquanto a tarde ficou turva de latidos e lenhadores
e a escura cidade agonizava sob o martelo dos
[carpinteiros.

    Essa maldita vaca
tem as tetas cheias de perdigões,
disseram os fariseus.
Mas o sangue molhou seus pés e os espíritos imundos
espatifavam ampolas de laguna contra as paredes
[do templo.
Soube-se o momento preciso da salvação de nossa vida.
Porque a lua lavou com água
as queimaduras dos cavalos
e não a menina viva que calaram na areia.
Então saíram os frios cantando suas canções,
e as rãs acenderam seus lumes na dupla margem do rio.
Essa maldita vaca, maldita, maldita, maldita
não nos deixará dormir, disseram os fariseus,
e foram para suas casas pelo tumulto da rua
dando empurrões nos bêbados e cuspindo sal
[dos sacrifícios
enquanto o sangue os seguia com um balido de cordeiro.

    Foi então
e a terra despertou arrojando trêmulos rios de traça.

18 de outubro de 1929. Nova York

PRANTO POR IGNACIO SÁNCHEZ MEJÍAS
(1935)

À minha querida amiga
Encarnación López Julvez

PRANTO POR IGNACIO SÁNCHEZ MEJÍAS

À MINHA QUERIDA AMIGA
ENCARNACIÓN LÓPEZ JULVEZ

1

A CAPTURA E A MORTE

Às cinco horas da tarde.
Eram cinco da tarde em ponto.
Um menino trouxe o branco lençol
às cinco horas da tarde.
Uma esporta de cal já prevenida
às cinco horas da tarde.
O mais era morte e somente morte
às cinco horas da tarde.

 O vento levou os algodões
às cinco horas da tarde.
E o óxido semeou cristal e níquel
às cinco horas da tarde.
Já lutam a pomba e o leopardo
às cinco horas da tarde.
E uma coxa para um chifre destroçada
às cinco horas da tarde.
Começaram os sons do bordão
às cinco horas da tarde.
Os sinos de arsênico e a fumaça
às cinco horas da tarde.
Nas esquinas grupos de silêncio
às cinco horas da tarde.
E o touro com todo o coração, para a frente!
às cinco horas da tarde.
Quando o suor de neve foi chegando
às cinco horas da tarde,

quando a praça se cobriu de iodo
às cinco horas da tarde,
a morte botou ovos na ferida
às cinco horas da tarde.
Às cinco horas da tarde.
Às cinco em ponto da tarde.

    Um ataúde com rodas é a cama
às cinco horas da tarde.
Ossos e flautas soam-lhe ao ouvido
às cinco horas da tarde.
Por sua frente já mugia o touro
às cinco horas da tarde.
O quarto se irisava de agonia
às cinco horas da tarde.
De longe já se aproxima a gangrena
às cinco horas da tarde.
Trompa de lírio pelas verdes virilhas
às cinco horas da tarde.
As feridas queimavam como sóis
às cinco horas da tarde,
e as pessoas quebravam as janelas
às cinco horas da tarde.
Às cinco horas da tarde.
Ai que terríveis cinco horas da tarde!
Eram cinco horas em todos os relógios!
Eram cinco horas da tarde em sombra!

2

O SANGUE DERRAMADO

Não quero vê-lo!

    Dize à lua que venha,

que não quero ver o sangue
de Ignacio sobre a areia.

    Não quero vê-lo!

    A lua de par em par.
Cavalo de nuvens quietas,
e a praça cinza do sonho
com salgueiros nas barreiras.

    Não quero vê-lo!
Que se me queima a recordação.
Avisai aos jasmins
com sua brancura pequena!

    Não quero vê-lo!

    A vaca do velho mundo
passava a língua triste
sobre um focinho de sangues
derramados sobre a areia,
e os touros de Guisando,
quase morte e quase pedra,
mugiram como dois séculos
fartos de pisar a terra.
Não.
Não quero vê-lo!

    Pelos degraus sobe Ignacio
com toda sua morte às costas.
Buscava o amanhecer,
e o amanhecer não era.
Busca o seu perfil seguro,
e o sonho o desorienta.
Buscava o seu formoso corpo
e encontrou seu sangue aberto.

Não me digais que o veja!
Não quero sentir o jorro
cada vez com menos força;
esse jorro que ilumina
os palanques e se verte
sobre a pelúcia e o couro
de multidão sedenta.
Quem grita que eu apareça?
Não me digais que o veja!

    Não se fecharam seus olhos
quando viu os chifres perto,
mas as mães terríveis
levantaram a cabeça.
E através das manadas,
houve um ar de vozes secretas
que gritavam a touros celestes,
maiorais de pálida névoa.
Não houve príncipe em Sevilha
que comparar-se-lhe possa,
nem espada como a sua espada
nem coração tão deveras.
Como um rio de leões
sua maravilhosa força,
e como um torso de mármore
sua marcada prudência.
Um ar de Roma andaluza
lhe dourava a cabeça
onde seu riso era um nardo
de sal e de inteligência.
Que grande toureiro na praça!
Que grande serrano na serra!
Quão brando com as espigas!
Quão duro com as esporas!
Quão terno com o rocio!
Quão deslumbrante na feira!

Quão tremendo com as últimas
bandarilhas tenebrosas!

    Porém já dorme sem fim.
Já os musgos e já a erva
abrem com dedos seguros
a flor de sua caveira.
E o sangue já vem cantando:
cantando por marismas e pradarias,
resvalando por chifres enregelados,
vacilando sem alma pela névoa,
tropeçando com cascos aos milhares
como uma longa, escura, triste língua,
para formar um charco de agonia
junto ao Guadalquivir das estrelas.
Oh! branco muro de Espanha!
Oh! negro touro de pena!
Oh! sangue duro de Ignacio!
Oh! rouxinol de suas veias!
Não.
Não quero vê-lo!
Não há cálice que o contenha,
não há andorinhas que o bebam,
não há escarcha de luz que o esfrie,
não há canto nem dilúvio de açucenas,
não há cristal que o cubra de prata.
Não.
Eu não quero vê-lo!!

3

CORPO PRESENTE

A pedra é uma fronte onde os sonhos gemem
sem água curva nem ciprestes gelados.

A pedra é uma espádua para levar ao tempo
com árvores de lágrimas e cintas e planetas.

Eu vi chuvas cinzentas correrem rumo às ondas
levantando seus ternos braços esburacados,
para não serem caçadas pela pedra estendida
que desfaz seus membros sem se empapar de sangue.

Porque a pedra recolhe sementes e nuvens,
ossadas de calhandras e lobos de penumbra;
mas não produz sons, nem cristais, nem fogo,
senão praças e praças e outras praças sem muros.

Já está sobre a pedra Ignacio, o bem-nascido.
Já se acabou; o que acontece? Contemplai a sua figura:
a morte o cobriu de pálidos enxofres
e pôs-lhe uma cabeça de escuro minotauro.

Já se acabou. A chuva penetra-lhe pela boca.
O ar como louco escapa de seu peito afundado,
e o Amor, empapado de lágrimas de neve,
se aquece no topo dos currais.

Que dizem? Um silêncio com fedores repousa.
Estamos com um corpo presente que se esfuma,
com uma forma clara onde rouxinóis havia
e vêmo-la encher-se de buracos sem fundo.

Quem enruga o sudário? Não é verdade o que diz!
Aqui ninguém mais canta, nem chora lá no lado,
nem aplica as esporas, nem espanta a serpente:
aqui não quero nada mais que os olhos redondos
para ver esse corpo sem possível descanso.

Eu quero ver aqui os homens de voz dura.
Os que domam cavalos e dominam os rios:

os homens cuja ossada ressoa, e cantam
com uma boca cheia de sol e pedernais.

Aqui eu quero vê-los. Diante da pedra.
Diante deste corpo com as rédeas arrebentadas.
Eu quero que me mostrem onde está a saída
para este capitão atado pela morte.

Eu quero que me mostrem um pranto com um rio
que tenha doces névoas e praias profundas,
para levar o corpo de Ignacio e que se perca
sem escutar o duplo resfolegar dos touros.

Que se perca na praça redonda da lua
que finge ao ser menina dolente rês imóvel;
que se perca na noite sem canto dos peixes
e na maleza branca do fumo congelado.

Não quero que lhe tapem o rosto com lenços
para que se acostume com a morte que leva.
Vai-te, Ignacio: Não ouças o candente bramido.
Dorme, voa, repousa: O mar também morre!

4

ALMA AUSENTE

O touro não te conhece, nem a figueira,
nem cavalos nem formigas de tua casa.
O menino não te conhece, nem a tarde,
porque morreste para sempre.

O lombo da pedra não te conhece,
nem o chão negro em que te destroças.
Nem te conhece a tua recordação muda,
porque morreste para sempre.

O outono virá com caracóis,
uva de névoa e montes agrupados,
mas ninguém quererá mirar teus olhos,
porque morreste para sempre.

Porque morreste para sempre,
como todos os mortos da Terra,
como todos os mortos que se olvidam
em um montão de cachorros apagados.

Ninguém te conhece. Não. Porém eu te canto.
Eu canto sem tardança teu perfil e tua graça.
A madureza insigne do teu conhecimento.
A tua apetência de morte e o gosto de sua boca.
A tristeza que teve a tua valente alegria.

Tardará muito tempo em nascer, se é que nasce,
um andaluz tão claro, tão rico de aventura.
Canto-lhe a elegância com palavras que gemem
e recordo uma triste brisa nos olivais

SEIS POEMAS GALEGOS
(1935)

CANÇÃO DE NINAR
PARA ROSALÍA CASTRO, MORTA

Ergue-te, minha amiga,
que já cantam os galos do dia!
Ergue-te, minha amada,
porque o vento muge, como uma vaca!

Os arados vão e vêm
de Santiago a Belém.

De Belém a Santiago
um anjo vem em um barco.
Um barco de prata fina
que traz a dor de Galícia.

Galícia deitada e queda
transida de tristes ervas.
Ervas que cobrem teu leito,
e a negra fonte de teus cabelos.
Cabelos que vão ao mar
onde as nuvens têm seu nítido pombal.

Ergue-te, minha amiga,
que já cantam os galos do dia!
Ergue-te, minha amada,
porque o vento muge, como uma vaca!

DANÇA DA LUA EM SANTIAGO

Fita aquele branco galã,
olha seu transido corpo!

É a lua que baila
na Quintana dos mortos.

Fita seu corpo transido,
negro de sombras e lobos.

Mãe: A lua está bailando
na Quintana dos mortos.

Quem fere poldro de pedra
na mesma porta do sono?

É a lua! É a lua
na Quintana dos mortos!

Quem fita meus grises vidros
cheios de nuvens seus olhos?

É a lua! É a lua
na Quintana dos mortos!

Deixa-me morrer no leito
sonhando com flores de ouro.

Mãe: A lua está bailando
na Quintana dos mortos.

Ai, filha, com o ar do céu
torno-me branca depressa!

Não é o ar, é a triste lua
na Quintana dos mortos.

Quem muge com este gemido
de imenso boi melancólico?

Mãe: É a lua, é a lua
na Quintana dos mortos.

Sim, a lua, a lua
coroada de tojos,
que baila, e baila, e baila
na Quintana dos mortos!

DIVÃ DO TAMARIT
(1936)

GAZÉIS

GAZEL DO AMOR DESESPERADO

A noite não quer vir
para que tu não venhas,
nem eu possa ir.

    Mas eu irei,
inda que um sol de lacraias me coma a fronte.

    Mas tu virás
com a língua queimada pela chuva de sal.

    O dia não quer vir
para que tu não venhas,
nem eu possa ir.

    Mas eu irei,
entregando aos sapos meu mordido cravo.

    Mas tu virás
pelas turvas cloacas da escuridão.

    Nem a noite nem o dia querem vir
para que por ti morra
e tu morras por mim.

GAZEL DO MENINO MORTO

Todas as tardes em Granada,
todas as tardes morre um menino.
Todas as tardes a água se senta
a conversar com seus amigos.

Os mortos vão de asas de musgo.
O vento nublado e o vento limpo
são dois faisões que voam pelas torres
e o dia é um rapaz ferido.

Não restava no ar nem uma fibra de calhandra
quando eu te encontrei nas grutas do vinho.
Não restava na terra nem uma migalha de nuvem
quando te afogavas no rio.

Um gigante de água caiu sobre os montes
e o vale foi rodando com cachorros e com lírios.
Teu corpo, com a sombra violeta de minhas mãos,
era, morto na margem, um arcanjo de frio.

GAZEL DA MORTE SOMBRIA

Quero dormir o sono das maçãs,
afastar-me do tumulto dos cemitérios.
Quero dormir o sono daquele menino
que queria cortar o coração em alto-mar.

Não quero que me repitam que os mortos não
                      [perdem o sangue;
que a boca podre continua pedindo água.
Não quero saber dos martírios que a erva dá,
nem da lua com boca de serpente
que trabalha antes do amanhecer.

Quero dormir um instante,
um instante, um minuto, um século;
mas que todos saibam que não morri;
que há um estábulo de ouro em meus lábios;
que sou o pequeno amigo do vento Oeste;
que sou a sombra imensa de minhas lágrimas.

Cobre-me o despontar da aurora com um véu,
porque me atirará punhados de formigas,
e molha com água dura os meus sapatos
para que resvale a pinça de seu lacrau.

Porque quero dormir o sono das maçãs
para aprender um pranto que me limpe de terra;
porque quero viver com aquele menino escuro
que queria cortar o coração em alto-mar.

CACIDAS

CACIDAS DO FERIDO PELA ÁGUA

Quero baixar ao poço,
quero subir os muros de Granada,
para olhar o coração varado
pela punção escura das águas.

   O menino ferido gemia
com uma coroa de escarcha.
Tanques, cisternas e fontes
levantavam ao ar as suas espadas.
Ai, que fúria de amor, que fio feridor,
que noturno rumor, que morte branca!
Que desertos de luz iam afundando
os areais da madrugada!
O menino estava só
com a cidade adormecida na garganta.
Um repuxo que vem dos sonhos
o defende da fome das algas.
O menino e sua agonia, frente a frente,
eram duas verdes chuvas enlaçadas.
O menino se estendia pela terra
e sua agonia se curvava.

Quero baixar ao poço,
quero morrer a minha morte aos goles,
quero encher o meu coração de musgo,
para ver o ferido pela água.

CACIDA DA MULHER ESTENDIDA

Ver-te desnuda é recordar a terra.
A terra lisa, limpa de cavalos.
A terra sem um junco, forma pura
fechada ao porvir: confim de prata.

Ver-te desnuda é compreender a ânsia
da chuva que busca débil talhe,
ou a febre do mar de imenso rosto
sem encontrar a luz de sua face.

O sangue soará pelas alcovas
e virá com espadas fulgurantes,
mas tu não saberás onde se ocultam
o coração de sapo ou a violeta.

Teu ventre é uma luta de raízes,
teus lábios são uma aurora sem contorno,
sob as rosas tépidas da cama
os mortos gemem esperando vez.

CACIDA DA MÃO IMPOSSÍVEL

Eu não quero mais que uma mão,
uma mão ferida, se possível.
Eu não quero mais que uma mão,
inda que passe mil noites sem leito.

Seria um pálido lírio de cal,
seria uma pomba amarrada a meu coração,
seria o guardião que na noite de meu trânsito
proibiria absolutamente a entrada à lua.

   Eu não quero mais que essa mão
para os diários óleos e o lençol branco de minha agonia.
Eu não quero mais que essa mão
para ter uma asa de minha morte.

   Tudo mais passa.
Rubor já sem nome, astro perpétuo.
O demais é o outro; vento triste,
enquanto as folhas fogem em bando.

POEMAS ESPARSOS

ODE A SALVADOR DALÍ

Uma rosa no alto jardim que tu desejas.
Uma roda na pura sintaxe do aço.
Desnuda a montanha de névoa impressionista.
Os grises observando suas balaustradas últimas.

Os pintores modernos, em seus brancos estúdios,
cortam a flor asséptica da raiz quadrada.
Nas águas do Sena um *iceberg* de mármore
esfria as janelas e dissipa as heras.

O homem pisa forte nas ruas lajeadas.
Os cristais se esquivam da magia do reflexo.
O Governo fechou as lojas de perfume.
A máquina eterniza seus compassos binários.

Uma ausência de bosques, biombos e sobrecenhos
erra pelos telhados das casas antigas.
O ar pule seu prisma sobre o mar
e o horizonte sobe como um grande aqueduto.

Marinheiros que ignoram o vinho e a penumbra
decapitam sereias nos mares de chumbo.
A Noite, negra estátua da prudência, tem
o espelho redondo da lua em sua mão.

Um desejo de formas e limites nos arrebata.
Vem o homem que olha com o metro amarelo.
Vênus é uma branca natureza-morta
e os colecionadores de mariposas fogem.

*

Cadaqués, no fiel da água e da colina,
eleva escalinatas e oculta caracóis.
As flautas de madeira pacificam o ar.
Um velho Deus silvestre dá frutas aos meninos.

Seus pescadores dormem, sem sonho, na areia.
Em alto-mar lhes serve de bússola uma rosa.
O horizonte virgem de lencinhos feridos
junta os grandes vidros do peixe e da lua.

Uma dura coroa de brancos bergantins
cinge frontes amargas e cabelos de areia.
As sereias convencem, mas não sugestionam,
e saem se mostramos um copo de água doce.

*

Oh! Salvador Dalí, de voz azeitonada!
Não te elogio o imperfeito pincel adolescente
nem a tua cor que ronda a cor de teu tempo,
mas louvo tuas ânsias de eterno limitado.

Alma higiênica, vives sobre mármores novos.
Foges à escura selva de formas incríveis.
Tua fantasia chega onde chegam as tuas mãos,
e gozas o soneto do mar em tua janela.

O mundo tem surdas penumbras e desordem,
nos primeiros términos que o humano frequenta.
Porém já as estrelas ocultando paisagens
assinalam o esquema perfeito de suas órbitas.

A corrente do tempo se remansa e se ordena
nas formas numéricas de um século e outro século.
E a Morte vencida se refugia tremendo
no círculo estreito do minuto presente.

Ao pegar tua palheta, com um tiro em uma asa,
pedes a luz que anima a copa da oliveira.
Larga luz de Minerva, construtora de andaimes,
onde não cabe o sonho nem sua flora inexata.

Pedes a luz antiga que fique na frente,
sem baixar à boca nem ao coração do homem.
Luz que temem as vides entranháveis de Baco
e a força sem ordem que leva a água curva.

Fazes bem em pôr bandeirolas de aviso,
no limite escuro que relumbra de noite.
Como pintor não queres que te abrande a forma
o algodão cambiante de uma nuvem imprevista.

O peixe no aquário e o pássaro na gaiola.
Não queres inventá-los no mar ou no vento.
Estilizas ou copias depois de ter olhado
com honestas pupilas seus corpinhos ágeis.

Amas uma matéria definida e exata
onde o fungo não possa armar acampamento.
Amas a arquitetura que constrói no ausente
e admites a bandeira como uma simples pilhéria.

Diz o compasso de aço seu curto verso elástico.
Desconhecidas ilhas desmentem já a esfera.
Diz a linha reta seu vertical esforço
e os sábios cristais cantam suas geometrias.

*

Mas também a rosa do jardim onde vives.
Sempre a rosa, sempre, norte e sul de nós!
Tranquila e concentrada como uma estátua cega,
ignorante de esforços soterrados que causa.

Rosa pura que limpa de artifícios e esboços
e nos abre as asas tênues do sorriso.
(Mariposa pregada que medita seu voo.)
Rosa do equilíbrio sem dores buscadas.
Sempre a rosa!

*

Oh! Salvador Dalí, de voz azeitonada!
Digo o que me dizem a tua pessoa e os teus quadros.
Não te louvo o imperfeito pincel adolescente,
mas canto a firme direção de tuas flechas.

Canto teu belo esforço de luzes catalãs,
teu amor ao que tem explicação possível.
Canto teu coração astronômico e terno,
de baralha francesa e sem nenhuma ferida.

Canto a ânsia de estátua que persegues sem trégua,
o medo à emoção que te aguarda na rua.
Canto a sereiazinha do mar que te canta
montada em bicicleta de corais e conchas.

Mas antes de tudo canto um comum pensamento
que nos une nas horas escuras e douradas.
Não é Arte a luz que nos cega os olhos.
É primeiro o amor, a amizade ou a esgrima.

É primeiro o quadro que paciente desenhas
o seio de Teresa, a de cútis insone,
o apertado cacho de Matilde, a ingrata,
nossa amizade pintada como um jogo de oca.

Sinais datilográficos de sangue sobre o ouro
risquem o coração da Catalunha eterna.
Estrelas como punhos sem falcão te relumbram,
enquanto tua pintura e tua vida florescem.

Não olhes a clepsidra com asas membranosas,
nem a dura gadanha das alegorias.
Veste e desnuda sempre o teu pincel no ar,
ante o mar povoado com barcos e marinheiros.

SONETOS

NA MORTE DE JOSÉ DE CIRIA Y ESCALANTE

Quem dirá que te viu e em que momento?
Que dor de penumbra iluminada!
Duas vozes soam: o relógio e o vento,
enquanto flutua sem ti a madrugada.

Um delírio de nardo cinzento
invade a tua cabeça delicada.
Homem! Paixão! Dor de luz! Memento.
Volta feito lua e coração de nada.

Volta feito lua: com minha própria mão
lançarei tua maçã no rio
turvo de peixes vermelhos de verão.

E tu, em cima, no alto, verde e frio,
esquece de ti! e esquece do mundo vão,
delicado Giocondo, amigo meu.

1926?

[EU SEI QUE MEU PERFIL SERÁ TRANQUILO]

Eu sei que meu perfil será tranquilo
no musgo de um norte sem reflexo.
Mercúrio de vigília, casto espelho
onde se quebra o pulso de meu estilo.

Pois se a hera e o frescor do fio
foi a norma do corpo que eu deixo,
meu perfil na areia será um velho
silêncio sem rubor de crocodilo.

E se nunca tiver sabor de chama
minha língua de pombas inteiriçadas
senão deserto gosto de retama,

livre signo de normas oprimidas
serei no corpo do ramo hirto
e no sem-fim de dálias doloridas.

1930

EPITÁFIO PARA ISAAC ALBÉNIZ

Esta pedra que vemos levantada
sobre relvas de morte e barro escuro
guarda lira de sombra, sol maduro,
urna de canto só e derramada.

Desde o sal de Cádiz e Granada,
que erige em água seu perpétuo muro,
em cavalo andaluz de acento duro
tua sombra geme pela luz dourada.

Oh! doce morto de pequena mão!
Oh! música e bondade entretecida!
Oh! pupila de aço, coração sadio!

Dorme céu sem fim, neve estendida.
Sonha inverno de lume, gris verão.
Dorme em olvido de tua velha vida!

1935

[TENHO MEDO DE PERDER A MARAVILHA]

Tenho medo de perder a maravilha
de teus olhos de estátua, e o acento

que de noite me põe na face
a solitária rosa de teu alento.

    Tenho pena de ser nesta margem
tronco sem ramos; e o que mais sinto
é não ter a flor, polpa ou argila,
para o verme de meu sofrimento.

    Se tu és o meu tesouro oculto,
se és minha cruz e minha dor molhada,
se sou o cão de teu senhorio,

    não me deixes perder o que ganhei
e decora as águas de teu rio
com folhas de meu outono alienado.

1936

A CARMELA, A PERUANA

Uma luz de jacinto ilumina-me a mão
ao escrever teu nome de tinta e cabeleira
e na neutra cinza de meu verso quisera
silvo de luz e argila de quente verão.

    Um Apolo de osso apaga o canal inumano
onde meu sangue tece juncos de primavera,
ar débil de alúmen e agulha de quimera
deixa louco de espigas o silêncio do grão.

    Neste duelo mortal pela virgem poesia,
duelo de rosa e verso, de número e loucura,
teu presente semelha sol e velha alegria.

Oh! pequena morena de delgada cintura!
Oh! Peru de metal e de melancolia!
Oh! Espanha, oh! lua morta sobre a pedra dura!

A MERCEDES EM SEU VOO

Uma viola de luz hirta e gelada
já és pelas rochas da altura.
Uma voz sem garganta, voz escura
que soa em tudo sem soar em nada.

Teu pensamento é neve resvalada
na glória sem fim da brancura.
Teu perfil é perene queimadura,
teu coração, pomba desatada.

Canta já pelo ar sem peia
a matinal flagrante melodia,
monte de luz e chaga de açucena.

Que nós outros aqui de noite e de dia
faremos na esquina da pena
uma grinalda de melancolia.

O POETA PEDE A SEU AMOR QUE LHE ESCREVA

Amor de minhas entranhas, morte viva,
em vão espero tua palavra escrita
e penso, com a flor que se murcha,
que se vivo sem mim quero perder-te.

O ar é imortal. A pedra inerte
nem conhece a sombra nem a evita.
Coração interior não necessita
o mel gelado que a lua verte.

Porém eu te sofri. Rasguei-me as veias,
tigre e pomba, sobre tua cintura
em duelo de mordiscos e açucenas.

Enche, pois, de palavras minha loucura
ou deixa-me viver em minha serena
noite da alma para sempre escura.

1933

CANTO NOTURNO
DOS MARINHEIROS ANDALUZES

De Cádiz a Gibraltar,
que bom caminhozinho!
O mar conhece meu passo
pelos suspiros.

Ai, menina, menina,
quanto barco no porto de Málaga!

De Cádiz a Sevilha,
quantos limõezinhos!
O limoal me conhece
pelos suspiros.

Ai, menina, menina,
quanto barco no porto de Málaga!

De Sevilha a Carmona
não há uma faca sequer.
A meia-lua corta,
e o ar passa, ferido.

Ai, moço, moço,
as ondas levam o meu cavalo!

Pelas salinas mortas
eu te esqueci, amor meu.
Quem quiser um coração
que pergunte por meu esquecimento.

Ai, moço, moço,
as ondas levam o meu cavalo!

Cádiz, que o mar cobre,
não avances por este lugar.
Sevilha, põe-te de pé
para não te afogares no rio.

Ai, menina!
Ai, moço!
Que bom caminhozinho!
Quanto barco no porto!
e na praia, que frio!

LUA E PANORAMA DOS INSETOS
(O poeta pede ajuda à Virgem)

Peço à divina Mãe de Deus,
Rainha celeste de todas as coisas criadas,
que me dê a pura luz dos animaizinhos
que têm uma só letra em seu vocabulário,
animais sem alma, simples formas,
longe da desprezível sabedoria do gato,
longe da profundeza fictícia dos mochos,
longe da escultórica sapiência do cavalo,
criaturas que amam sem olhos,
com um só sentido de infinito ondulado
e que se agrupam em grandes montões
para serem comidos pelos pássaros.

Peço a única dimensão
que têm os pequenos animais planos,
para desviar-se de coisas cobertas de terra
sob a dura inocência do sapato;
não há quem chore porque compreenda
o milhão de mortezinhas que tem o mercado,
essa multidão chinesa de cebolas decapitadas
e esse grande sol amarelo de velhos peixes esmagados.
Tu, Mãe sempre temível. Baleia de todos os céus.
Tu, Mãe sempre gracejadora. Vizinha da salsa pesteada.
Sabes que eu abarco a carne mínima do mundo.

CANTARES POPULARES

O CAFÉ DE CHINITAS

1

No café de Chinitas
disse Paquiro a seu irmão:
"Sou mais valente que tu,
mais toureiro e mais gitano".

2

No café de Chinitas
disse Paquiro a Frascuelo:
"Sou mais valente que tu,
mais gitano e mais toureiro".

3

Tirou Paquiro o relógio
e falou desta maneira:
"Este touro há de morrer
antes das quatro e meia".

4

Ao dar quatro horas na rua
saíram do café,
e era Paquiro na rua
um toureiro de cartaz.

OS MOÇOS DE MONLEÓN

(LEDESMA, *Cancionero salmantino*)

Os moços de Monleón
foram-se a arar bem cedo,

para irem à corrida
e mudar de roupa sem pressa.
Ao filho da viúva
a roupa não deram.
– Tenho de topar com o touro,
ainda que de roupa emprestada.
– Permita Deus, se o encontras,
que te tragam em um carro
as abarcas e o chapéu
do lado esquerdo pendendo.
Apanham os garrouchões,
descem as navas abaixo,
perguntando pelo touro,
e o touro já está encerrado.
No meio do caminho,
ao vaqueiro perguntam:
– Quantos anos tem o touro?
– O touro tem oito anos.
Rapazes, não o enfrenteis;
cuidado!, que é touro muito mau,
o leite que mamou,
dei-lho eu por minha própria mão.

    Apresentam-se na praça
quatro moços mui galhardos;
Manuel Sánchez chamou o touro;
oxalá não o houvesse chamado,
pela ponta de uma abarca
por toda a praça arrastado;
quando o touro o deixou,
deixou-o já muito mal.
– Companheiros, eu estou morrendo;
amigos, eu estou muito mal;
três lenços tenho dentro,
e com este que meto são quatro.
– Chamem o confessor,
para que venha ajudá-lo.

Não pôde se confessar,
porque já estava expirando.
Ao rico de Monleón
pedem os bois e o carro,
para levar Manuel Sánchez
que o tourinho matou.
Na porta da viúva
pararam o carro.
– Aqui tendes vosso filho
como o haveis desejado.

ROMANCE DE DOM BOYSO

Caminha Dom Boyso
manhãzinha fria
em terra de mouros
a buscar amiga.
Achou-a lavando
na fonte fria.
– Que fazes aí, moura,
filha de judia?
Deixa meu cavalo
beber água fria.
– Rebente o cavalo
e quem o trazia,
que eu não sou moura
nem filha de judia.
Sou uma cristã
que aqui estou cativa.
– Se fosses cristã
eu te levaria
e em panos de seda
te envolveria,
porém se és moura
eu te deixaria.

Montou-a no cavalo
para ver o que dizia;
mas nas sete léguas
nada falara a menina.
Ao passar num campo
de verdes olivas
por aqueles prados
que prantos vertia!
– Ai, prados! Ai, prados!,
prados da minha vida.
Quando o rei meu pai
plantou aqui esta oliva,
ele a plantara, sim,
e eu a mantinha,
a rainha minha mãe
a seda torcia,
meu irmão Dom Boyso
os touros corria.
– E como te chamas?
– Eu sou Rosalinda,
assim me chamaram
porque ao nascer
uma linda rosa
no peito eu tinha.
– Então, pelos sinais,
minha irmã serias.
Abra minha mãe
portas de alegria,
se não trouxe nora,
trouxe a sua filha.

SONETOS INÉDITOS

SONETO DA GRINALDA DE ROSAS

Essa grinalda! Pronto! Estou morrendo!
Tece depressa! Canta! Geme! Canta!
Que a sombra me enturva a garganta
e outra vez e mil a luz de janeiro.

Entre o que me queres e te quero,
ar de estrelas e tremor de planta,
espessura de anêmonas levanta
com escuro gemer um ano inteiro.

Goza a fresca paisagem da minha ferida,
quebra juncos e arroios delicados.
Bebe em coxa de mel sangue vertido.

Porém, pronto! Que unidos, enlaçados,
boca rota de amor e alma mordida,
o tempo nos encontre destroçados.

CHAGAS DE AMOR

Esta luz, este fogo que devora.
Esta paisagem gris que me rodeia.
Esta dor por uma só ideia.
Esta angústia de céu, mundo e hora.

Este pranto de sangue que decora
lira já sem pulso, lúbrica teia.
Este peso do mar que me golpeia.
Este alacrão que em meu peito mora.

São grinalda de amor, cama de ferido,
Onde sem sono, sonho tua presença
entre as ruínas de meu peito oprimido.

E ainda que busque o cume da prudência,
me dá teu coração vale estendido
com cicuta e paixão de amarga ciência.

O POETA DIZ A VERDADE

Quero chorar minha mágoa, e to digo
para que tu me ames e me chores
em um anoitecer de rouxinóis,
com um punhal, com beijos e contigo.

Quero matar a única testemunha
para o assassinato de minhas flores
e converter meu pranto e meus suores
em eterno montão de duro trigo.

Que não acabe nunca a madeixa
do bem-me-quer, malmequer, sempre ardida
com decrépito sol e lua velha.

Que o que não me dás e não te peça
será para a morte, que não deixa
nem sombra pela carne estremecida.

O POETA FALA POR TELEFONE
COM O AMOR

Tua voz regou a duna do meu peito
na doce cabine de madeira.
No sul de meus pés foi primavera,
e no norte de minha fronte, flor de feto.

Pinheiro de luz no espaço estreito
cantou sem alvorada e sementeira

e meu pranto prendeu pela vez primeira
coroas de esperança no teto.

Doce e longínqua voz por mim vertida.
Doce e longínqua voz por mim saboreada.
Longínqua e doce voz amortecida.

Longínqua como escura corça ferida.
Doce como um soluço na nevada.
Longínqua e doce em tutano metida!

O POETA PERGUNTA A SEU AMOR PELA "CIDADE ENCANTADA" DE CUENCA

Gostaste da cidade que gota a gota
lavrou a água no centro dos pinheiros?
Viste sonhos e rostos e caminhos
e muros de dor que o ar açoita?

Viste a greta azul de lua rota
que o Júcar molha de cristal e trinos?
Beijaram teus dedos os espinhos
que coroam de amor pedra remota?

Lembraste de mim quando subias
o silêncio que sofre a serpente,
prisioneira de grilos e de umbrias?

Não viste pelo ar transparente
uma dália de penas e alegrias
que te mandou meu coração quente?

SONETO GONGÓRICO EM QUE O POETA MANDA A SEU AMOR UMA POMBA

Este pombinho do Túria que te mando,
de doces olhos e de branca pluma,
sobre laurel da Grécia verte e soma
chama lenta de amor onde estou ficando.

Sua cândida virtude, seu pescoço brando,
em limo duplo de quente espuma,
com um tremor de escarcha, pérola e bruma
a ausência de tua boca está marcando.

Passa a mão sobre a sua brancura
e verás que nevada melodia
esparge em flocos sobre tua formosura.

Assim meu coração de noite e de dia,
preso no cárcere do amor escuro,
chora sem te ver sua melancolia.

[AI, VOZ SECRETA DO AMOR ESCURO!]

Ai, voz secreta do amor escuro!
Ai, balido sem lãs! Ai, ferida!
Ai, agulha de mel, camélia caída!
Ai, corrente sem mar, cidade sem muro!

Ai, noite imensa de perfil seguro,
montanha celestial de angústia erguida!
Ai, cão em coração, voz perseguida,
silêncio sem confim, lírio maduro!

Foge de mim, quente voz de gelo,
não queiras perder-me na mata
onde sem fruto gemem carne e céu.

Deixa o duro marfim de minha cabeça,
apieda-te de mim, rompe meu dó!
Que sou amor, que sou natureza!

O AMOR DORME NO PEITO DO POETA

Tu nunca entenderás o quanto te quero
porque dormes em mim e estás adormecido.
Eu te oculto chorando, perseguido,
por uma voz de penetrante aço.

Norma que agita igual carne e luzeiro
traspassa já meu peito dolorido
e as turvas palavras têm mordido
as asas de teu espírito severo.

Grupo de gente salta nos jardins
esperando teu corpo e minha agonia
em cavalos de luz e verdes crinas.

Mas continua dormindo, vida minha.
Ouve meu sangue roto nos violinos!
Vê que nos espreitam ainda.

NOITE DO AMOR INSONE

Noite acima os dois com lua cheia,
eu me pus a chorar, e tu rias.
Teu desdém era um deus, as queixas minhas
momentos e pombos em cadeia.

Noite abaixo os dois. Cristal de pena,
choravas tu por fundas distâncias.
Minha dor era um grupo de agonias
sobre teu débil coração de areia.

A aurora nos uniu na cama,
as bocas postas no jorro gelado
de um sangue sem fim que se derrama.

E o sol entrou pelo balcão fechado
e o coral da vida abriu seu ramo
sobre meu coração amortalhado.

SONETO

Eu a vi passar por meus jardins
quando minha alma era luz da luz.
Eu a vi mirar o berço
onde a Luxúria morde as crinas.

Eu a vi rezar na penumbra
no altar dos sacros martírios,
azul e pálida como os lírios,
com a luz de meu peito que a ilumina.

Nunca mais a vereis, pois minha alma
já entrou no reino do prazer sombrio,
jardim sem lua, sem paixão, sem flores.

Murchou a flor; e acalmou-se
minha ilusão. Já longínquo o vozerio,
o coração penetrou nas dores.

[10 de janeiro de 1918]

Coleção **L&PM** POCKET (Lançamentos mais recentes)

360. **Livro das perguntas** – Pablo Neruda
361. **Noite de Reis** – William Shakespeare
362. **Manual de Ecologia (vol.1)** – J. Lutzenberger
363. **O mais longo dos dias** – Cornelius Ryan
364. **Foi bom prá você?** – Nani
365. **Crepusculário** – Pablo Neruda
366. **A comédia dos erros** – Shakespeare
369. **Mate-me por favor (vol.1)** – L. McNeil
370. **Mate-me por favor (vol.2)** – L. McNeil
371. **Carta ao pai** – Kafka
372. **Os vagabundos iluminados** – J. Kerouac
375. **Vargas, uma biografia política** – H. Silva
376. **Poesia reunida (vol.1)** – A. R. de Sant'Anna
377. **Poesia reunida (vol.2)** – A. R. de Sant'Anna
378. **Alice no país do espelho** – Lewis Carroll
379. **Residência na Terra 1** – Pablo Neruda
380. **Residência na Terra 2** – Pablo Neruda
381. **Terceira Residência** – Pablo Neruda
382. **O delírio amoroso** – Bocage
383. **Futebol ao sol e à sombra** – E. Galeano
386. **Radicci 4** – Iotti
387. **Boas maneiras & sucesso nos negócios** – Celia Ribeiro
388. **Uma história Farroupilha** – M. Scliar
389. **Na mesa ninguém envelhece** – J. A. Pinheiro Machado
390. **200 receitas inéditas do Anonymus Gourmet** – J. A. Pinheiro Machado
391. **Guia prático do Português correto – vol.2** – Cláudio Moreno
392. **Breviário das terras do Brasil** – Assis Brasil
393. **Cantos Cerimoniais** – Pablo Neruda
394. **Jardim de Inverno** – Pablo Neruda
395. **Antonio e Cleópatra** – William Shakespeare
396. **Troia** – Cláudio Moreno
397. **Meu tio matou um cara** – Jorge Furtado
399. **As viagens de Gulliver** – Jonathan Swift
400. **Dom Quixote** – (v. 1) – Miguel de Cervantes
401. **Dom Quixote** – (v. 2) – Miguel de Cervantes
402. **Sozinho no Pólo Norte** – Thomaz Brandolin
404. **Delta de Vênus** – Anaïs Nin
405. **O melhor de Hagar 2** – Dik Browne
406. **É grave Doutor?** – Nani
407. **Orai pornô** – Nani
412. **Três contos** – Gustave Flaubert
413. **De ratos e homens** – John Steinbeck
414. **Lazarilho de Tormes** – Anônimo do séc. XVI
415. **Triângulo das águas** – Caio Fernando Abreu
416. **100 receitas de carnes** – Sílvio Lancellotti
417. **Histórias de robôs:** vol. 1 – org. Isaac Asimov
418. **Histórias de robôs:** vol. 2 – org. Isaac Asimov
419. **Histórias de robôs:** vol. 3 – org. Isaac Asimov
423. **Um amigo de Kafka** – Isaac Singer
424. **As alegres matronas de Windsor** – Shakespeare
425. **Amor e exílio** – Isaac Bashevis Singer
426. **Use & abuse do seu signo** – Marília Fiorillo e Marylou Simonsen
427. **Pigmaleão** – Bernard Shaw
428. **As fenícias** – Eurípides
429. **Everest** – Thomaz Brandolin
430. **A arte de furtar** – Anônimo do séc. XVI
431. **Billy Bud** – Herman Melville
432. **A rosa separada** – Pablo Neruda
433. **Elegia** – Pablo Neruda
434. **A garota de Cassidy** – David Goodis
435. **Como fazer a guerra: máximas de Napoleão** – Balzac
436. **Poemas escolhidos** – Emily Dickinson
437. **Gracias por el fuego** – Mario Benedetti
438. **O sofá** – Crébillon Fils
439. **O "Martín Fierro"** – Jorge Luis Borges
440. **Trabalhos de amor perdidos** – W. Shakespeare
441. **O melhor de Hagar 3** – Dik Browne
442. **Os Maias (volume1)** – Eça de Queiroz
443. **Os Maias (volume2)** – Eça de Queiroz
444. **Anti-Justine** – Restif de La Bretonne
445. **Juventude** – Joseph Conrad
446. **Contos** – Eça de Queiroz
448. **Um amor de Swann** – Proust
449. **À paz perpétua** – Immanuel Kant
450. **A conquista do México** – Hernan Cortez
451. **Defeitos escolhidos e 2000** – Pablo Neruda
452. **O casamento do céu e do inferno** – William Blake
453. **A primeira viagem ao redor do mundo** – Antonio Pigafetta
457. **Sartre** – Annie Cohen-Solal
458. **Discurso do método** – René Descartes
459. **Garfield em grande forma (1)** – Jim Davis
460. **Garfield está de dieta (2)** – Jim Davis
461. **O livro das feras** – Patricia Highsmith
462. **Viajante solitário** – Jack Kerouac
463. **Auto da barca do inferno** – Gil Vicente
464. **O livro vermelho dos pensamentos de Millôr** – Millôr Fernandes
465. **O livro dos abraços** – Eduardo Galeano
466. **Voltaremos!** – José Antonio Pinheiro Machado
467. **Rango** – Edgar Vasques
468(8). **Dieta mediterrânea** – Dr. Fernando Lucchese e José Antonio Pinheiro Machado
469. **Radicci 5** – Iotti
470. **Pequenos pássaros** – Anaïs Nin
471. **Guia prático do Português correto – vol.3** – Cláudio Moreno
472. **Atire no pianista** – David Goodis
473. **Antologia Poética** – García Lorca
474. **Alexandre e César** – Plutarco
475. **Uma espiã na casa do amor** – Anaïs Nin
476. **A gorda do Tiki Bar** – Dalton Trevisan
477. **Garfield um gato de peso (3)** – Jim Davis
478. **Canibais** – David Coimbra
479. **A arte de escrever** – Arthur Schopenhauer
480. **Pinóquio** – Carlo Collodi
481. **Misto-quente** – Bukowski

482. **A lua na sarjeta** – David Goodis
483. **O melhor do Recruta Zero (1)** – Mort Walker
484. **Aline: TPM – tensão pré-monstrual (2)** – Adão Iturrusgarai
485. **Sermões do Padre Antonio Vieira**
486. **Garfield numa boa (4)** – Jim Davis
487. **Mensagem** – Fernando Pessoa
488. **Vendeta** *seguido de* **A paz conjugal** – Balzac
489. **Poemas de Alberto Caeiro** – Fernando Pessoa
490. **Ferragus** – Honoré de Balzac
491. **A duquesa de Langeais** – Honoré de Balzac
492. **A menina dos olhos de ouro** – Honoré de Balzac
493. **O lírio do vale** – Honoré de Balzac
497. **A noite das bruxas** – Agatha Christie
498. **Um passe de mágica** – Agatha Christie
499. **Nêmesis** – Agatha Christie
500. **Esboço para uma teoria das emoções** – Sartre
501. **Renda básica de cidadania** – Eduardo Suplicy
502. (1). **Pílulas para viver melhor** – Dr. Lucchese
503. (2). **Pílulas para prolongar a juventude** – Dr. Lucchese
504. (3). **Desembarcando o diabetes** – Dr. Lucchese
505. (4). **Desembarcando o sedentarismo** – Dr. Fernando Lucchese e Cláudio Castro
506. (5). **Desembarcando a hipertensão** – Dr. Lucchese
507. (6). **Desembarcando o colesterol** – Dr. Fernando Lucchese e Fernanda Lucchese
508. **Estudos de mulher** – Balzac
509. **O terceiro tira** – Flann O'Brien
510. **100 receitas de aves e ovos** – J. A. P. Machado
511. **Garfield em toneladas de diversão (5)** – Jim Davis
512. **Trem-bala** – Martha Medeiros
513. **Os cães ladram** – Truman Capote
514. **O Kama Sutra de Vatsyayana**
515. **O crime do Padre Amaro** – Eça de Queiroz
516. **Odes de Ricardo Reis** – Fernando Pessoa
517. **O inverno da nossa desesperança** – Steinbeck
518. **Piratas do Tietê (1)** – Laerte
519. **Rê Bordosa: do começo ao fim** – Angeli
520. **O Harlem é escuro** – Chester Himes
522. **Eugénie Grandet** – Balzac
523. **O último magnata** – F. Scott Fitzgerald
524. **Carol** – Patricia Highsmith
525. **100 receitas de patisseria** – Sílvio Lancellotti
527. **Tristessa** – Jack Kerouac
528. **O diamante do tamanho do Ritz** – F. Scott Fitzgerald
529. **As melhores histórias de Sherlock Holmes** – Arthur Conan Doyle
530. **Cartas a um jovem poeta** – Rilke
532. **O misterioso sr. Quin** – Agatha Christie
533. **Os analectos** – Confúcio
536. **Ascensão e queda de César Birotteau** – Balzac
537. **Sexta-feira negra** – David Goodis
538. **Ora bolas – O humor de Mario Quintana** – Juarez Fonseca
539. **Longe daqui aqui mesmo** – Antonio Bivar
540. **É fácil matar** – Agatha Christie
541. **O pai Goriot** – Balzac
542. **Brasil, um país do futuro** – Stefan Zweig
543. **O processo** – Kafka
544. **O melhor de Hagar 4** – Dik Browne
545. **Por que não pediram a Evans?** – Agatha Christie
546. **Fanny Hill** – John Cleland
547. **O gato por dentro** – William S. Burroughs
548. **Sobre a brevidade da vida** – Sêneca
549. **Geraldão (1)** – Glauco
550. **Piratas do Tietê (2)** – Laerte
551. **Pagando o pato** – Ciça
552. **Garfield de bom humor (6)** – Jim Davis
553. **Conheço o Mário?** vol.1 – Santiago
554. **Radicci 6** – Iotti
555. **Os subterrâneos** – Jack Kerouac
556. (1). **Balzac** – François Taillandier
557. (2). **Modigliani** – Christian Parisot
558. (3). **Kafka** – Gérard-Georges Lemaire
559. (4). **Júlio César** – Joël Schmidt
560. **Receitas da família** – J. A. Pinheiro Machado
561. **Boas maneiras à mesa** – Celia Ribeiro
562. (9). **Filhos sadios, pais felizes** – R. Pagnoncelli
563. (10). **Fatos & mitos** – Dr. Fernando Lucchese
564. **Ménage à trois** – Paula Taitelbaum
565. **Mulheres!** – David Coimbra
566. **Poemas de Álvaro de Campos** – Fernando Pessoa
567. **Medo e outras histórias** – Stefan Zweig
568. **Snoopy e sua turma (1)** – Schulz
569. **Piadas para sempre (1)** – Visconde da Casa Verde
570. **O alvo móvel** – Ross Macdonald
571. **O melhor do Recruta Zero (2)** – Mort Walker
572. **Um sonho americano** – Norman Mailer
573. **Os broncos também amam** – Angeli
574. **Crônica de um amor louco** – Bukowski
575. (5). **Freud** – René Major e Chantal Talagrand
576. (6). **Picasso** – Gilles Plazy
577. (7). **Gandhi** – Christine Jordis
578. **A tumba** – H. P. Lovecraft
579. **O príncipe e o mendigo** – Mark Twain
580. **Garfield, um charme de gato (7)** – Jim Davis
581. **Ilusões perdidas** – Balzac
582. **Esplendores e misérias das cortesãs** – Balzac
583. **Walter Ego** – Angeli
584. **Striptiras (1)** – Laerte
585. **Fagundes: um puxa-saco de mão cheia** – Laerte
586. **Depois do último trem** – Josué Guimarães
587. **Ricardo III** – Shakespeare
588. **Dona Anja** – Josué Guimarães
589. **24 horas na vida de uma mulher** – Stefan Zweig
591. **Mulher no escuro** – Dashiell Hammett
592. **No que acredito** – Bertrand Russell
593. **Odisseia (1): Telemaquia** – Homero
594. **O cavalo cego** – Josué Guimarães
595. **Henrique V** – Shakespeare
596. **Fabulário geral do delírio cotidiano** – Bukowski

597. **Tiros na noite 1: A mulher do bandido** – Dashiell Hammett
598. **Snoopy em Feliz Dia dos Namorados! (2)** – Schulz
600. **Crime e castigo** – Dostoiévski
601. **Mistério no Caribe** – Agatha Christie
602. **Odisseia (2): Regresso** – Homero
603. **Piadas para sempre (2)** – Visconde da Casa Verde
604. **À sombra do vulcão** – Malcolm Lowry
605(8). **Kerouac** – Yves Buin
606. **E agora são cinzas** – Angeli
607. **As mil e uma noites** – Paulo Caruso
608. **Um assassino entre nós** – Ruth Rendell
609. **Crack-up** – F. Scott Fitzgerald
610. **Do amor** – Stendhal
611. **Cartas do Yage** – William Burroughs e Allen Ginsberg
612. **Striptiras (2)** – Laerte
613. **Henry & June** – Anaïs Nin
614. **A piscina mortal** – Ross Macdonald
615. **Geraldão (2)** – Glauco
616. **Tempo de delicadeza** – A. R. de Sant'Anna
617. **Tiros na noite 2: Medo de tiro** – Dashiell Hammett
618. **Snoopy em Assim é a vida, Charlie Brown! (3)** – Schulz
619. **1954 – Um tiro no coração** – Hélio Silva
620. **Sobre a inspiração poética (Íon)** e ... – Platão
621. **Garfield e seus amigos (8)** – Jim Davis
622. **Odisseia (3): Ítaca** – Homero
623. **A louca matança** – Chester Himes
624. **Factótum** – Bukowski
625. **Guerra e Paz: volume 1** – Tolstói
626. **Guerra e Paz: volume 2** – Tolstói
627. **Guerra e Paz: volume 3** – Tolstói
628. **Guerra e Paz: volume 4** – Tolstói
629(9). **Shakespeare** – Claude Mourthé
630. **Bem está o que bem acaba** – Shakespeare
631. **O contrato social** – Rousseau
632. **Geração Beat** – Jack Kerouac
633. **Snoopy: É Natal! (4)** – Charles Schulz
634. **Testemunha da acusação** – Agatha Christie
635. **Um elefante no caos** – Millôr Fernandes
636. **Guia de leitura (100 autores que você precisa ler)** – Organização de Léa Masina
637. **Pistoleiros também mandam flores** – David Coimbra
638. **O prazer das palavras** – vol. 1 – Cláudio Moreno
639. **O prazer das palavras** – vol. 2 – Cláudio Moreno
640. **Novíssimo testamento: com Deus e o diabo, a dupla da criação** – Iotti
641. **Literatura Brasileira: modos de usar** – Luís Augusto Fischer
642. **Dicionário de Porto-Alegrês** – Luís A. Fischer
643. **Clô Dias & Noites** – Sérgio Jockymann
644. **Memorial de Isla Negra** – Pablo Neruda
645. **Um homem extraordinário e outras histórias** – Tchékhov
646. **Ana sem terra** – Alcy Cheuiche
647. **Adultérios** – Woody Allen
651. **Snoopy: Posso fazer uma pergunta, professora? (5)** – Charles Schulz
652(10). **Luís XVI** – Bernard Vincent
653. **O mercador de Veneza** – Shakespeare
654. **Cancioneiro** – Fernando Pessoa
655. **Non-Stop** – Martha Medeiros
656. **Carpinteiros, levantem bem alto a cumeeira & Seymour, uma apresentação** – J.D.Salinger
657. **Ensaios céticos** – Bertrand Russell
658. **O melhor de Hagar 5** – Dik e Chris Browne
659. **Primeiro amor** – Ivan Turguêniev
660. **A trégua** – Mario Benedetti
661. **Um parque de diversões da cabeça** – Lawrence Ferlinghetti
662. **Aprendendo a viver** – Sêneca
663. **Garfield, um gato em apuros (9)** – Jim Davis
664. **Dilbert (1)** – Scott Adams
666. **A imaginação** – Jean-Paul Sartre
667. **O ladrão e os cães** – Naguib Mahfuz
669. **A volta do parafuso** seguido de **Daisy Miller** – Henry James
670. **Notas do subsolo** – Dostoiévski
671. **Abobrinhas da Brasilônia** – Glauco
672. **Geraldão (3)** – Glauco
673. **Piadas para sempre (3)** – Visconde da Casa Verde
674. **Duas viagens ao Brasil** – Hans Staden
676. **A arte da guerra** – Maquiavel
677. **Além do bem e do mal** – Nietzsche
678. **O coronel Chabert** seguido de **A mulher abandonada** – Balzac
679. **O sorriso de marfim** – Ross Macdonald
680. **100 receitas de pescados** – Sílvio Lancellotti
681. **O juiz e seu carrasco** – Friedrich Dürrenmatt
682. **Noites brancas** – Dostoiévski
683. **Quadras ao gosto popular** – Fernando Pessoa
685. **Kaos** – Millôr Fernandes
686. **A pele de onagro** – Balzac
687. **As ligações perigosas** – Choderlos de Laclos
689. **Os Lusíadas** – Luís Vaz de Camões
690(11). **Átila** – Éric Deschodt
691. **Um jeito tranquilo de matar** – Chester Himes
692. **A felicidade conjugal** seguido de **O diabo** – Tolstói
693. **Viagem de um naturalista ao redor do mundo** – vol. 1 – Charles Darwin
694. **Viagem de um naturalista ao redor do mundo** – vol. 2 – Charles Darwin
695. **Memórias da casa dos mortos** – Dostoiévski
696. **A Celestina** – Fernando de Rojas
697. **Snoopy: Como você é azarado, Charlie Brown! (6)** – Charles Schulz
698. **Dez (quase) amores** – Claudia Tajes
699. **Poirot sempre espera** – Agatha Christie
701. **Apologia de Sócrates** precedido de **Êutifron** e seguido de **Críton** – Platão
702. **Wood & Stock** – Angeli
703. **Striptiras (3)** – Laerte
704. **Discurso sobre a origem e os fundamentos da desigualdade entre os homens** – Rousseau
705. **Os duelistas** – Joseph Conrad
706. **Dilbert (2)** – Scott Adams

707. **Viver e escrever** (vol. 1) – Edla van Steen
708. **Viver e escrever** (vol. 2) – Edla van Steen
709. **Viver e escrever** (vol. 3) – Edla van Steen
710. **A teia da aranha** – Agatha Christie
711. **O banquete** – Platão
712. **Os belos e malditos** – F. Scott Fitzgerald
713. **Libelo contra a arte moderna** – Salvador Dalí
714. **Akropolis** – Valerio Massimo Manfredi
715. **Devoradores de mortos** – Michael Crichton
716. **Sob o sol da Toscana** – Frances Mayes
717. **Batom na cueca** – Nani
718. **Vida dura** – Claudia Tajes
719. **Carne trêmula** – Ruth Rendell
720. **Cris, a fera** – David Coimbra
721. **O anticristo** – Nietzsche
722. **Como um romance** – Daniel Pennac
723. **Emboscada no Forte Bragg** – Tom Wolfe
724. **Assédio sexual** – Michael Crichton
725. **O espírito do Zen** – Alan W.Watts
726. **Um bonde chamado desejo** – Tennessee Williams
727. **Como gostais** *seguido de* **Conto de inverno** – Shakespeare
728. **Tratado sobre a tolerância** – Voltaire
729. **Snoopy: Doces ou travessuras? (7)** – Charles Schulz
730. **Cardápios do Anonymus Gourmet** – J.A. Pinheiro Machado
731. **100 receitas com lata** – J.A. Pinheiro Machado
732. **Conhece o Mário?** vol.2 – Santiago
733. **Dilbert (3)** – Scott Adams
734. **História de um louco amor** *seguido de* **Passado amor** – Horacio Quiroga
735(11). **Sexo: muito prazer** – Laura Meyer da Silva
736(12). **Para entender o adolescente** – Dr. Ronald Pagnoncelli
737(13). **Desembarcando a tristeza** – Dr. Fernando Lucchese
738. **Poirot e o mistério da arca espanhola & outras histórias** – Agatha Christie
739. **A última legião** – Valerio Massimo Manfredi
741. **Sol nascente** – Michael Crichton
742. **Duzentos ladrões** – Dalton Trevisan
743. **Os devaneios do caminhante solitário** – Rousseau
744. **Garfield, o rei da preguiça (10)** – Jim Davis
745. **Os magnatas** – Charles R. Morris
746. **Pulp** – Charles Bukowski
747. **Enquanto agonizo** – William Faulkner
748. **Aline: viciada em sexo (3)** – Adão Iturrusgarai
749. **A dama do cachorrinho** – Anton Tchékhov
750. **Tito Andrônico** – Shakespeare
751. **Antologia poética** – Anna Akhmátova
752. **O melhor de Hagar 6** – Dik e Chris Browne
753(12). **Michelangelo** – Nadine Sautel
754. **Dilbert (4)** – Scott Adams
755. **O jardim das cerejeiras** *seguido de* **Tio Vânia** – Tchékhov
756. **Geração Beat** – Claudio Willer
757. **Santos Dumont** – Alcy Cheuiche
758. **Budismo** – Claude B. Levenson
759. **Cleópatra** – Christian-Georges Schwentzel
760. **Revolução Francesa** – Frédéric Bluche, Stéphane Rials e Jean Tulard
761. **A crise de 1929** – Bernard Gazier
762. **Sigmund Freud** – Edson Sousa e Paulo Endo
763. **Império Romano** – Patrick Le Roux
764. **Cruzadas** – Cécile Morrisson
765. **O mistério do Trem Azul** – Agatha Christie
768. **Senso comum** – Thomas Paine
769. **O parque dos dinossauros** – Michael Crichton
770. **Trilogia da paixão** – Goethe
773. **Snoopy: No mundo da lua! (8)** – Charles Schulz
774. **Os Quatro Grandes** – Agatha Christie
775. **Um brinde de cianureto** – Agatha Christie
776. **Súplicas atendidas** – Truman Capote
779. **A viúva imortal** – Millôr Fernandes
780. **Cabala** – Roland Goetschel
781. **Capitalismo** – Claude Jessua
782. **Mitologia grega** – Pierre Grimal
783. **Economia: 100 palavras-chave** – Jean-Paul Betbèze
784. **Marxismo** – Henri Lefebvre
785. **Punição para a inocência** – Agatha Christie
786. **A extravagância do morto** – Agatha Christie
787(13). **Cézanne** – Bernard Fauconnier
788. **A identidade Bourne** – Robert Ludlum
789. **Da tranquilidade da alma** – Sêneca
790. **Um artista da fome** *seguido de* **Na colônia penal e outras histórias** – Kafka
791. **Histórias de fantasmas** – Charles Dickens
796. **O Uraguai** – Basílio da Gama
797. **A mão misteriosa** – Agatha Christie
798. **Testemunha ocular do crime** – Agatha Christie
799. **Crepúsculo dos ídolos** – Friedrich Nietzsche
802. **O grande golpe** – Dashiell Hammett
803. **Humor barra pesada** – Nani
804. **Vinho** – Jean-François Gautier
805. **Egito Antigo** – Sophie Desplancques
806(14). **Baudelaire** – Jean-Baptiste Baronian
807. **Caminho da sabedoria, caminho da paz** – Dalai Lama e Felizitas von Schönborn
808. **Senhor e servo e outras histórias** – Tolstói
809. **Os cadernos de Malte Laurids Brigge** – Rilke
810. **Dilbert (5)** – Scott Adams
811. **Big Sur** – Jack Kerouac
812. **Seguindo a correnteza** – Agatha Christie
813. **O álibi** – Sandra Brown
814. **Montanha-russa** – Martha Medeiros
815. **Coisas da vida** – Martha Medeiros
816. **A cantada infalível** *seguido de* **A mulher do centroavante** – David Coimbra
819. **Snoopy: Pausa para a soneca (9)** – Charles Schulz
820. **De pernas pro ar** – Eduardo Galeano
821. **Tragédias gregas** – Pascal Thiercy
822. **Existencialismo** – Jacques Colette
823. **Nietzsche** – Jean Granier
824. **Amar ou depender?** – Walter Riso

825. Darmapada: A doutrina budista em versos
826. J'Accuse...! – a verdade em marcha – Zola
827. Os crimes ABC – Agatha Christie
828. Um gato entre os pombos – Agatha Christie
831. Dicionário de teatro – Luiz Paulo Vasconcellos
832. Cartas extraviadas – Martha Medeiros
833. A longa viagem de prazer – J. J. Morosoli
834. Receitas fáceis – J. A. Pinheiro Machado
835. (14). Mais fatos & mitos – Dr. Fernando Lucchese
836. (15). Boa viagem! – Dr. Fernando Lucchese
837. Aline: Finalmente nua!!! (4) – Adão Iturrusgarai
838. Mônica tem uma novidade! – Mauricio de Sousa
839. Cebolinha em apuros! – Mauricio de Sousa
840. Sócios no crime – Agatha Christie
841. Bocas do tempo – Eduardo Galeano
842. Orgulho e preconceito – Jane Austen
843. Impressionismo – Dominique Lobstein
844. Escrita chinesa – Viviane Alleton
845. Paris: uma história – Yvan Combeau
846. (15). Van Gogh – David Haziot
848. Portal do destino – Agatha Christie
849. O futuro de uma ilusão – Freud
850. O mal-estar na cultura – Freud
853. Um crime adormecido – Agatha Christie
854. Satori em Paris – Jack Kerouac
855. Medo e delírio em Las Vegas – Hunter Thompson
856. Um negócio fracassado e outros contos de humor – Tchékhov
857. Mônica está de férias! – Mauricio de Sousa
858. De quem é esse coelho? – Mauricio de Sousa
860. O mistério Sittaford – Agatha Christie
861. Manhã transfigurada – L. A. de Assis Brasil
862. Alexandre, o Grande – Pierre Briant
863. Jesus – Charles Perrot
864. Islã – Paul Balta
865. Guerra da Secessão – Farid Ameur
866. Um rio que vem da Grécia – Cláudio Moreno
868. Assassinato na casa do pastor – Agatha Christie
869. Manual do líder – Napoleão Bonaparte
870. (16). Billie Holiday – Sylvia Fol
871. Bidu arrasando! – Mauricio de Sousa
872. Os Sousa: Desventuras em família – Mauricio de Sousa
874. E no final a morte – Agatha Christie
875. Guia prático do Português correto – vol. 4 – Cláudio Moreno
876. Dilbert (6) – Scott Adams
877. (17). Leonardo da Vinci – Sophie Chauveau
878. Bella Toscana – Frances Mayes
879. A arte da ficção – David Lodge
880. Striptiras (4) – Laerte
881. Skrotinhos – Angeli
882. Depois do funeral – Agatha Christie
883. Radicci 7 – Iotti
884. Walden – H. D. Thoreau
885. Lincoln – Allen C. Guelzo
886. Primeira Guerra Mundial – Michael Howard
887. A linha de sombra – Joseph Conrad
888. O amor é um cão dos diabos – Bukowski
890. Despertar: uma vida de Buda – Jack Kerouac
891. (18). Albert Einstein – Laurent Seksik
892. Hell's Angels – Hunter Thompson
893. Ausência na primavera – Agatha Christie
894. Dilbert (7) – Scott Adams
895. Ao sul de lugar nenhum – Bukowski
896. Maquiavel – Quentin Skinner
897. Sócrates – C.C.W. Taylor
899. O Natal de Poirot – Agatha Christie
900. As veias abertas da América Latina – Eduardo Galeano
901. Snoopy: Sempre alerta! (10) – Charles Schulz
902. Chico Bento: Plantando confusão – Mauricio de Sousa
903. Penadinho: Quem é morto sempre aparece – Mauricio de Sousa
904. A vida sexual da mulher feia – Claudia Tajes
905. 100 segredos de liquidificador – José Antonio Pinheiro Machado
906. Sexo muito prazer 2 – Laura Meyer da Silva
907. Os nascimentos – Eduardo Galeano
908. As caras e as máscaras – Eduardo Galeano
909. O século do vento – Eduardo Galeano
910. Poirot perde uma cliente – Agatha Christie
911. Cérebro – Michael O'Shea
912. O escaravelho de ouro e outras histórias – Edgar Allan Poe
913. Piadas para sempre (4) – Visconde da Casa Verde
914. 100 receitas de massas light – Helena Tonetto
915. (19). Oscar Wilde – Daniel Salvatore Schiffer
916. Uma breve história do mundo – H. G. Wells
917. A Casa do Penhasco – Agatha Christie
919. John M. Keynes – Bernard Gazier
920. (20). Virginia Woolf – Alexandra Lemasson
921. Peter e Wendy *seguido de* Peter Pan em Kensington Gardens – J. M. Barrie
922. Aline: numas de colegial (5) – Adão Iturrusgarai
923. Uma dose mortal – Agatha Christie
924. Os trabalhos de Hércules – Agatha Christie
926. Kant – Roger Scruton
927. A inocência do Padre Brown – G.K. Chesterton
928. Casa Velha – Machado de Assis
929. Marcas de nascença – Nancy Huston
930. Aulete de bolso
931. Hora Zero – Agatha Christie
932. Morte na Mesopotâmia – Agatha Christie
934. Nem te conto, João – Dalton Trevisan
935. As aventuras de Huckleberry Finn – Mark Twain
936. (21). Marilyn Monroe – Anne Plantagenet
937. China moderna – Rana Mitter
938. Dinossauros – David Norman
939. Louca por homem – Claudia Tajes
940. Amores de alto risco – Walter Riso
941. Jogo de damas – David Coimbra
942. Filha é filha – Agatha Christie
943. M ou N? – Agatha Christie
945. Bidu: diversão em dobro! – Mauricio de Sousa

946. **Fogo** – Anaïs Nin
947. **Rum: diário de um jornalista bêbado** – Hunter Thompson
948. **Persuasão** – Jane Austen
949. **Lágrimas na chuva** – Sergio Faraco
950. **Mulheres** – Bukowski
951. **Um pressentimento funesto** – Agatha Christie
952. **Cartas na mesa** – Agatha Christie
954. **O lobo do mar** – Jack London
955. **Os gatos** – Patricia Highsmith
956.(22).**Jesus** – Christiane Rancé
957. **História da medicina** – William Bynum
958. **O Morro dos Ventos Uivantes** – Emily Brontë
959. **A filosofia na era trágica dos gregos** – Nietzsche
960. **Os treze problemas** – Agatha Christie
961. **A massagista japonesa** – Moacyr Scliar
962. **Humor do miserê** – Nani
964. **Todo o mundo tem dúvida, inclusive você** – Édison de Oliveira
965. **A dama do Bar Nevada** – Sergio Faraco
969. **O psicopata americano** – Bret Easton Ellis
970. **Ensaios de amor** – Alain de Botton
971. **O grande Gatsby** – F. Scott Fitzgerald
972. **Por que não sou cristão** – Bertrand Russell
973. **A Casa Torta** – Agatha Christie
974. **Encontro com a morte** – Agatha Christie
975.(23).**Rimbaud** – Jean-Baptiste Baronian
976. **Cartas na rua** – Bukowski
977. **Memória** – Jonathan K. Foster
978. **A abadia de Northanger** – Jane Austen
979. **As pernas de Úrsula** – Claudia Tajes
980. **Retrato inacabado** – Agatha Christie
981. **Solanin (1)** – Inio Asano
982. **Solanin (2)** – Inio Asano
983. **Aventuras de menino** – Mitsuru Adachi
984.(16).**Fatos & mitos sobre sua alimentação** – Dr. Fernando Lucchese
985. **Teoria quântica** – John Polkinghorne
986. **O eterno marido** – Fiódor Dostoiévski
987. **Um safado em Dublin** – J. P. Donleavy
988. **Mirinha** – Dalton Trevisan
989. **Akhenaton e Nefertiti** – Carmen Seganfredo e A. S. Franchini
990. **On the Road – o manuscrito original** – Jack Kerouac
991. **Relatividade** – Russell Stannard
992. **Abaixo de zero** – Bret Easton Ellis
993.(24).**Andy Warhol** – Mériam Korichi
995. **Os últimos casos de Miss Marple** – Agatha Christie
996. **Nico Demo: Aí vem encrenca** – Mauricio de Sousa
998. **Rousseau** – Robert Wokler
999. **Noite sem fim** – Agatha Christie
1000. **Diários de Andy Warhol (1)** – Editado por Pat Hackett
1001. **Diários de Andy Warhol (2)** – Editado por Pat Hackett
1002. **Cartier-Bresson: o olhar do século** – Pierre Assouline
1003. **As melhores histórias da mitologia: vol. 1** – A.S. Franchini e Carmen Seganfredo
1004. **As melhores histórias da mitologia: vol. 2** – A.S. Franchini e Carmen Seganfredo
1005. **Assassinato no beco** – Agatha Christie
1006. **Convite para um homicídio** – Agatha Christie
1008. **História da vida** – Michael J. Benton
1009. **Jung** – Anthony Stevens
1010. **Arsène Lupin, ladrão de casaca** – Maurice Leblanc
1011. **Dublinenses** – James Joyce
1012. **120 tirinhas da Turma da Mônica** – Mauricio de Sousa
1013. **Antologia poética** – Fernando Pessoa
1014. **A aventura de um cliente ilustre** seguido de **O último adeus de Sherlock Holmes** – Sir Arthur Conan Doyle
1015. **Cenas de Nova York** – Jack Kerouac
1016. **A corista** – Anton Tchékhov
1017. **O diabo** – Leon Tolstói
1018. **Fábulas chinesas** – Sérgio Capparelli e Márcia Schmaltz
1019. **O gato do Brasil** – Sir Arthur Conan Doyle
1020. **Missa do Galo** – Machado de Assis
1021. **O mistério de Marie Rogêt** – Edgar Allan Poe
1022. **A mulher mais linda da cidade** – Bukowski
1023. **O retrato** – Nicolai Gogol
1024. **O conflito** – Agatha Christie
1025. **Os primeiros casos de Poirot** – Agatha Christie
1027.(25).**Beethoven** – Bernard Fauconnier
1028. **Platão** – Julia Annas
1029. **Cleo e Daniel** – Roberto Freire
1030. **Til** – José de Alencar
1031. **Viagens na minha terra** – Almeida Garrett
1032. **Profissões para mulheres e outros artigos feministas** – Virginia Woolf
1033. **Mrs. Dalloway** – Virginia Woolf
1034. **O cão da morte** – Agatha Christie
1035. **Tragédia em três atos** – Agatha Christie
1037. **O fantasma da Ópera** – Gaston Leroux
1038. **Evolução** – Brian e Deborah Charlesworth
1039. **Medida por medida** – Shakespeare
1040. **Razão e sentimento** – Jane Austen
1041. **A obra-prima ignorada** seguido de **Um episódio durante o Terror** – Balzac
1042. **A fugitiva** – Anaïs Nin
1043. **As grandes histórias da mitologia greco-romana** – A. S. Franchini
1044. **O corno de si mesmo & outras historietas** – Marquês de Sade
1045. **Da felicidade** seguido de **Da vida retirada** – Sêneca
1046. **O horror em Red Hook e outras histórias** – H. P. Lovecraft
1047. **Noite em claro** – Martha Medeiros
1048. **Poemas clássicos chineses** – Li Bai, Du Fu e Wang Wei
1049. **A terceira moça** – Agatha Christie
1050. **Um destino ignorado** – Agatha Christie
1051.(26).**Buda** – Sophie Royer
1052. **Guerra Fria** – Robert J. McMahon
1053. **Simons's Cat: as aventuras de um gato travesso e comilão – vol. 1** – Simon Tofield

054. **Simons's Cat: as aventuras de um gato travesso e comilão – vol. 2** – Simon Tofield
055. **Só as mulheres e as baratas sobreviverão** – Claudia Tajes
057. **Pré-história** – Chris Gosden
058. **Pintou sujeira!** – Mauricio de Sousa
059. **Contos de Mamãe Gansa** – Charles Perrault
060. **A interpretação dos sonhos: vol. 1** – Freud
061. **A interpretação dos sonhos: vol. 2** – Freud
062. **Frufru Rataplã Dolores** – Dalton Trevisan
063. **As melhores histórias da mitologia egípcia** – Carmem Seganfredo e A.S. Franchini
064. **Infância. Adolescência. Juventude** – Tolstói
065. **As consolações da filosofia** – Alain de Botton
066. **Diários de Jack Kerouac – 1947-1954**
067. **Revolução Francesa – vol. 1** – Max Gallo
068. **Revolução Francesa – vol. 2** – Max Gallo
069. **O detetive Parker Pyne** – Agatha Christie
070. **Memórias do esquecimento** – Flávio Tavares
071. **Drogas** – Leslie Iversen
072. **Manual de ecologia (vol.2)** – J. Lutzenberger
073. **Como andar no labirinto** – Affonso Romano de Sant'Anna
074. **A orquídea e o serial killer** – Juremir Machado da Silva
075. **Amor nos tempos de fúria** – Lawrence Ferlinghetti
076. **A aventura do pudim de Natal** – Agatha Christie
078. **Amores que matam** – Patricia Faur
079. **Histórias de pescador** – Mauricio de Sousa
080. **Pedaços de um caderno manchado de vinho** – Bukowski
081. **A ferro e fogo: tempo de solidão (vol.1)** – Josué Guimarães
082. **A ferro e fogo: tempo de guerra (vol.2)** – Josué Guimarães
084.(17). **Desembarcando o Alzheimer** – Dr. Fernando Lucchese e Dra. Ana Hartmann
085. **A maldição do espelho** – Agatha Christie
086. **Uma breve história da filosofia** – Nigel Warburton
088. **Heróis da História** – Will Durant
089. **Concerto campestre** – L. A. de Assis Brasil
090. **Morte nas nuvens** – Agatha Christie
092. **Aventura em Bagdá** – Agatha Christie
093. **O cavalo amarelo** – Agatha Christie
094. **O método de interpretação dos sonhos** – Freud
095. **Sonetos de amor e desamor** – Vários
096. **120 tirinhas do Dilbert** – Scott Adams
097. **200 fábulas de Esopo**
098. **O curioso caso de Benjamin Button** – F. Scott Fitzgerald
099. **Piadas para sempre: uma antologia para morrer de rir** – Visconde da Casa Verde
1100. **Hamlet (Mangá)** – Shakespeare
1101. **A arte da guerra (Mangá)** – Sun Tzu
1104. **As melhores histórias da Bíblia (vol.1)** – A. S. Franchini e Carmen Seganfredo
1105. **As melhores histórias da Bíblia (vol.2)** – A. S. Franchini e Carmen Seganfredo
1106. **Psicologia das massas e análise do eu** – Freud
1107. **Guerra Civil Espanhola** – Helen Graham
1108. **A autoestrada do sul e outras histórias** – Julio Cortázar
1109. **O mistério dos sete relógios** – Agatha Christie
1110. **Peanuts: Ninguém gosta de mim... (amor)** – Charles Schulz
1111. **Cadê o bolo?** – Mauricio de Sousa
1112. **O filósofo ignorante** – Voltaire
1113. **Totem e tabu** – Freud
1114. **Filosofia pré-socrática** – Catherine Osborne
1115. **Desejo de status** – Alain de Botton
1118. **Passageiro para Frankfurt** – Agatha Christie
1120. **Kill All Enemies** – Melvin Burgess
1121. **A morte da sra. McGinty** – Agatha Christie
1122. **Revolução Russa** – S. A. Smith
1123. **Até você, Capitu?** – Dalton Trevisan
1124. **O grande Gatsby (Mangá)** – F. S. Fitzgerald
1125. **Assim falou Zaratustra (Mangá)** – Nietzsche
1126. **Peanuts: É para isso que servem os amigos (amizade)** – Charles Schulz
1127.(27). **Nietzsche** – Dorian Astor
1128. **Bidu: Hora do banho** – Mauricio de Sousa
1129. **O melhor do Macanudo Taurino** – Santiago
1130. **Radicci 30 anos** – Iotti
1131. **Show de sabores** – J.A. Pinheiro Machado
1132. **O prazer das palavras** – vol. 3 – Cláudio Moreno
1133. **Morte na praia** – Agatha Christie
1134. **O fardo** – Agatha Christie
1135. **Manifesto do Partido Comunista (Mangá)** – Marx & Engels
1136. **A metamorfose (Mangá)** – Franz Kafka
1137. **Por que você não se casou... ainda** – Tracy McMillan
1138. **Textos autobiográficos** – Bukowski
1139. **A importância de ser prudente** – Oscar Wilde
1140. **Sobre a vontade na natureza** – Arthur Schopenhauer
1141. **Dilbert (8)** – Scott Adams
1142. **Entre dois amores** – Agatha Christie
1143. **Cipreste triste** – Agatha Christie
1144. **Alguém viu uma assombração?** – Mauricio de Sousa
1145. **Mandela** – Elleke Boehmer
1146. **Retrato do artista quando jovem** – James Joyce
1147. **Zadig ou o destino** – Voltaire
1148. **O contrato social (Mangá)** – J.-J. Rousseau
1149. **Garfield fenomenal** – Jim Davis
1150. **A queda da América** – Allen Ginsberg
1151. **Música na noite & outros ensaios** – Aldous Huxley
1152. **Poesias inéditas & Poemas dramáticos** – Fernando Pessoa
1153. **Peanuts: Felicidade é...** – Charles M. Schulz
1154. **Mate-me por favor** – Legs McNeil e Gillian McCain
1155. **Assassinato no Expresso Oriente** – Agatha Christie
1156. **Um punhado de centeio** – Agatha Christie

1157. **A interpretação dos sonhos (Mangá)** – Freud
1158. **Peanuts: Você não entende o sentido da vida** – Charles M. Schulz
1159. **A dinastia Rothschild** – Herbert R. Lottman
1160. **A Mansão Hollow** – Agatha Christie
1161. **Nas montanhas da loucura** – H.P. Lovecraft
1162. (28).**Napoleão Bonaparte** – Pascale Fautrier
1163. **Um corpo na biblioteca** – Agatha Christie
1164. **Inovação** – Mark Dodgson e David Gann
1165. **O que toda mulher deve saber sobre os homens: a afetividade masculina** – Walter Riso
1166. **O amor está no ar** – Mauricio de Sousa
1167. **Testemunha de acusação & outras histórias** – Agatha Christie
1168. **Etiqueta de bolso** – Celia Ribeiro
1169. **Poesia reunida (volume 3)** – Affonso Romano de Sant'Anna
1170. **Emma** – Jane Austen
1171. **Que seja em segredo** – Ana Miranda
1172. **Garfield sem apetite** – Jim Davis
1173. **Garfield: Foi mal...** – Jim Davis
1174. **Os irmãos Karamázov (Mangá)** – Dostoiévski
1175. **O Pequeno Príncipe** – Antoine de Saint-Exupéry
1176. **Peanuts: Ninguém mais tem o espírito aventureiro** – Charles M. Schulz
1177. **Assim falou Zaratustra** – Nietzsche
1178. **Morte no Nilo** – Agatha Christie
1179. **Ê, soneca boa** – Mauricio de Sousa
1180. **Garfield a todo o vapor** – Jim Davis
1181. **Em busca do tempo perdido (Mangá)** – Proust
1182. **Cai o pano: o último caso de Poirot** – Agatha Christie
1183. **Livro para colorir e relaxar** – Livro 1
1184. **Para colorir sem parar**
1185. **Os elefantes não esquecem** – Agatha Christie
1186. **Teoria da relatividade** – Albert Einstein
1187. **Compêndio da psicanálise** – Freud
1188. **Visões de Gerard** – Jack Kerouac
1189. **Fim de verão** – Mohiro Kitoh
1190. **Procurando diversão** – Mauricio de Sousa
1191. **E não sobrou nenhum e outras peças** – Agatha Christie
1192. **Ansiedade** – Daniel Freeman & Jason Freeman
1193. **Garfield: pausa para o almoço** – Jim Davis
1194. **Contos do dia e da noite** – Guy de Maupassant
1195. **O melhor de Hagar 7** – Dik Browne
1196. (29).**Lou Andreas-Salomé** – Dorian Astor
1197. (30).**Pasolini** – René de Ceccatty
1198. **O caso do Hotel Bertram** – Agatha Christie
1199. **Crônicas de motel** – Sam Shepard
1200. **Pequena filosofia da paz interior** – Catherine Rambert
1201. **Os sertões** – Euclides da Cunha
1202. **Treze à mesa** – Agatha Christie
1203. **Bíblia** – John Riches
1204. **Anjos** – David Albert Jones
1205. **As tirinhas do Guri de Uruguaiana 1** – Jair Kobe
1206. **Entre aspas (vol.1)** – Fernando Eichenberg
1207. **Escrita** – Andrew Robinson
1208. **O spleen de Paris: pequenos poemas em prosa** – Charles Baudelaire
1209. **Satíricon** – Petrônio
1210. **O avarento** – Molière
1211. **Queimando na água, afogando-se na chama** – Bukowski
1212. **Miscelânea septuagenária: contos e poemas** – Bukowski
1213. **Que filosofar é aprender a morrer e outros ensaios** – Montaigne
1214. **Da amizade e outros ensaios** – Montaigne
1215. **O medo à espreita e outras histórias** – H.P. Lovecraft
1216. **A obra de arte na era de sua reprodutibilidade técnica** – Walter Benjamin
1217. **Sobre a liberdade** – John Stuart Mill
1218. **O segredo de Chimneys** – Agatha Christie
1219. **Morte na rua Hickory** – Agatha Christie
1220. **Ulisses (Mangá)** – James Joyce
1221. **Ateísmo** – Julian Baggini
1222. **Os melhores contos de Katherine Mansfield** – Katherine Mansfied
1223. (31).**Martin Luther King** – Alain Foix
1224. **Millôr Definitivo: uma antologia de *A Bíblia do Caos*** – Millôr Fernandes
1225. **O Clube das Terças-Feiras e outras histórias** – Agatha Christie
1226. **Por que sou tão sábio** – Nietzsche
1227. **Sobre a mentira** – Platão
1228. **Sobre a leitura *seguido do* Depoimento de Céleste Albaret** – Proust
1229. **O homem do terno marrom** – Agatha Christie
1230. (32).**Jimi Hendrix** – Franck Médioni
1231. **Amor e amizade e outras histórias** – Jane Austen
1232. **Lady Susan, Os Watson e Sanditon** – Jane Austen
1233. **Uma breve história da ciência** – William Bynum
1234. **Macunaíma: o herói sem nenhum caráter** – Mário de Andrade
1235. **A máquina do tempo** – H.G. Wells
1236. **O homem invisível** – H.G. Wells
1237. **Os 36 estratagemas: manual secreto da arte da guerra** – Anônimo
1238. **A mina de ouro e outras histórias** – Agatha Christie
1239. **Pic** – Jack Kerouac
1240. **O habitante da escuridão e outros contos** – H.P. Lovecraft
1241. **O chamado de Cthulhu e outros contos** – H.P. Lovecraft
1242. **O melhor de Meu reino por um cavalo!** – Edição de Ivan Pinheiro Machado
1243. **A guerra dos mundos** – H.G. Wells
1244. **O caso da criada perfeita e outras histórias** – Agatha Christie
1245. **Morte por afogamento e outras histórias** – Agatha Christie

246. **Assassinato no Comitê Central** – Manuel Vázquez Montalbán
247. **O papai é pop** – Marcos Piangers
248. **O papai é pop 2** – Marcos Piangers
249. **A mamãe é rock** – Ana Cardoso
250. **Paris boêmia** – Dan Franck
251. **Paris libertária** – Dan Franck
252. **Paris ocupada** – Dan Franck
253. **Uma anedota infame** – Dostoiévski
254. **O último dia de um condenado** – Victor Hugo
255. **Nem só de caviar vive o homem** – J.M. Simmel
256. **Amanhã é outro dia** – J.M. Simmel
257. **Mulherzinhas** – Louisa May Alcott
258. **Reforma Protestante** – Peter Marshall
259. **História econômica global** – Robert C. Allen
260.(33). **Che Guevara** – Alain Foix
261. **Câncer** – Nicholas James
262. **Akhenaton** – Agatha Christie
263. **Aforismos para a sabedoria de vida** – Arthur Schopenhauer
264. **Uma história do mundo** – David Coimbra
265. **Ame e não sofra** – Walter Riso
266. **Desapegue-se!** – Walter Riso
267. **Os Sousa: Uma família do barulho** – Mauricio de Sousa
268. **Nico Demo: O rei da travessura** – Mauricio de Sousa
269. **Testemunha de acusação e outras peças** – Agatha Christie
270.(34). **Dostoiévski** – Virgil Tanase
271. **O melhor de Hagar 8** – Dik Browne
272. **O melhor de Hagar 9** – Dik Browne
273. **O melhor de Hagar 10** – Dik e Chris Browne
274. **Considerações sobre o governo representativo** – John Stuart Mill
275. **O homem Moisés e a religião monoteísta** – Freud
276. **Inibição, sintoma e medo** – Freud
277. **Além do princípio de prazer** – Freud
278. **O direito de dizer não!** – Walter Riso
279. **A arte de ser flexível** – Walter Riso
280. **Casados e descasados** – August Strindberg
281. **Da Terra à Lua** – Júlio Verne
282. **Minhas galerias e meus pintores** – Kahnweiler
283. **A arte do romance** – Virginia Woolf
284. **Teatro completo v. 1: As aves da noite** *seguido de* **O visitante** – Hilda Hilst
285. **Teatro completo v. 2: O verdugo** *seguido de* **A morte do patriarca** – Hilda Hilst
286. **Teatro completo v. 3: O rato no muro** *seguido de* **Auto da barca de Camiri** – Hilda Hilst
287. **Teatro completo v. 4: A empresa** *seguido de* **O novo sistema** – Hilda Hilst
289. **Fora de mim** – Martha Medeiros
290. **Divã** – Martha Medeiros
291. **Sobre a genealogia da moral: um escrito polêmico** – Nietzsche
292. **A consciência de Zeno** – Italo Svevo
293. **Células-tronco** – Jonathan Slack
294. **O fim do ciúme e outros contos** – Proust
295. **A jangada** – Júlio Verne
1296. **A ilha do dr. Moreau** – H.G. Wells
1297. **Ninho de fidalgos** – Ivan Turguêniev
1298. **Jane Eyre** – Charlotte Brontë
1299. **Sobre gatos** – Bukowski
1300. **Sobre o amor** – Bukowski
1301. **Escrever para não enlouquecer** – Bukowski
1302. **222 receitas** – J. A. Pinheiro Machado
1303. **Reinações de Narizinho** – Monteiro Lobato
1304. **O Saci** – Monteiro Lobato
1305. **Memórias da Emília** – Monteiro Lobato
1306. **O Picapau Amarelo** – Monteiro Lobato
1307. **A reforma da Natureza** – Monteiro Lobato
1308. **Fábulas** *seguido de* **Histórias diversas** – Monteiro Lobato
1309. **Aventuras de Hans Staden** – Monteiro Lobato
1310. **Peter Pan** – Monteiro Lobato
1311. **Dom Quixote das crianças** – Monteiro Lobato
1312. **O Minotauro** – Monteiro Lobato
1313. **Um quarto só seu** – Virginia Woolf
1314. **Sonetos** – Shakespeare
1315.(35). **Thoreau** – Marie Berthoumieu e Laura El Makki
1316. **Teoria da arte** – Cynthia Freeland
1317. **A arte da prudência** – Baltasar Gracián
1318. **O louco** *seguido de* **Areia e espuma** – Khalil Gibran
1319. **O profeta** *seguido de* **O jardim do profeta** – Khalil Gibran
1320. **Jesus, o Filho do Homem** – Khalil Gibran
1321. **A luta** – Norman Mailer
1322. **Sobre o sofrimento do mundo e outros ensaios** – Schopenhauer
1323. **Epidemiologia** – Rodolfo Saracci
1324. **Japão moderno** – Christopher Goto-Jones
1325. **A arte da meditação** – Matthieu Ricard
1326. **O adversário secreto** – Agatha Christie
1327. **Pollyanna** – Eleanor H. Porter
1328. **Espelhos** – Eduardo Galeano
1329. **A Vênus das peles** – Sacher-Masoch
1330. **O 18 de brumário de Luís Bonaparte** – Karl Marx
1331. **Um jogo para os vivos** – Patricia Highsmith
1332. **A tristeza pode esperar** – J.J. Camargo
1333. **Vinte poemas de amor e uma canção desesperada** – Pablo Neruda
1334. **Judaísmo** – Norman Solomon
1335. **Esquizofrenia** – Christopher Frith & Eve Johnstone
1336. **Seis personagens em busca de um autor** – Luigi Pirandello
1337. **A Fazenda dos Animais** – George Orwell
1338. **1984** – George Orwell
1339. **Ubu Rei** – Alfred Jarry
1340. **Sobre bêbados e bebidas** – Bukowski
1341. **Tempestade para os vivos e para os mortos** – Bukowski
1342. **Complicado** – Natsume Ono
1343. **Sobre o livre-arbítrio** – Schopenhauer
1344. **Uma breve história da literatura** – John Sutherland
1345. **Você fica tão sozinho às vezes que até faz sentido** – Bukowski

lepmeditores
www.lpm.com.br
o site que conta tudo

IMPRESSÃO:

PALLOTTI
GRÁFICA

Santa Maria - RS | Fone: (55) 3220.4500
www.graficapallotti.com.br